大人のためのシュタイナー教育講座
2002年5月発行号
第3期　NO.5　通巻17号

シュタイナーに学ぶ
「真のコスモポリタンになること」

春を待つリムナタラ農場と「こどもの園」。

表紙／山下知子
本文デザイン／STUDIO Y2（藁谷尚子　市川瑞紀）
表紙カバー絵／中村トヨ　本文イラスト／御手洗仁美

第３期

シュタイナーに学ぶ通信講座によせて

皆さま、おげんきですか？

２００２年５月10日号

まだ2月だというのに、アスファルトの道路は乾き、道の向こうに広がる畑にもほとんど雪が見えません。昼でも気温が零度以下の真冬日を、この冬、わたしたちは何度迎えたでしょうか？

冬とは思えないほど強い日差しの中で、地球の温暖化が大変な速さで進んでいることを、毎日ひしひしと感じています。今朝も、東山から顔をのぞかせたお日様は大きく、温かく、元気すぎて、わたしはどんなふうにして顔を会わせたらよいか、分からないほどでした。冬眠している動物たちも、春を待っている草木花の芽も、いつ出ていってよいものやら…さぞ戸惑っていることでしょう。

室温を下げる、電気をまめに消す、車を使っての無駄な外出はしない、遠くへ出掛けるときは仕事をまとめ、飛行機を利用することを少なくする、ビニールハウスで栽培される野菜を食べない、ゴミを少なくする、自動販売機を使わない…地球の温暖化を防ぐために、わたしができることは他にもたくさんあるでしょう。どうしたら、資源を無駄に使わず、ゴミを出さず、地球を子どもたちのために美しいまま残しておくことができるか、真剣に考え実践しましょう！

2月1日

浩平くんの弾《ひ》くウクレレの音が聞こえてきます。休み時間になると、浩平くんはまるで中世の吟遊《ぎんゆう》詩人のようにウクレレを抱えて、校舎のそちこちを歩き回っては、演奏しているのです。

浩平くんは歌うことが大好きです。楽器を奏《かな》でることも好きです。リコーダー、アフリカの太鼓、ウクレレ、ギター…が今、浩平くんが得意とする楽器です。

浩平くんは、農場で働くことも好きです。晴れた日の放課後や休みの日には、農場でふみさんの手伝いをしている浩平くんの姿が見られます。「ふみさんの作るおやつが目当てで…」勿論、それもあります。だって、浩平くんは食べることが大好きな粘液質の子どもなのですから…。

わたしが浩平くんとはじめて会ったとき、スナック菓子が大好きなまるまるした少年でした。甘いものをたくさん口にしていたからでしょうか、浩平くんは始終身体のどこかを動かしていました。学校では「いじめられている」とも話していました。「シュタイナーいずみの学校」には、浩平くんをいじめる人なんていません。学校中のみんなが、浩平くんの笑顔と、そして浩平くんが弾くウクレレやギターの音を楽しんでいます。

2月5日

日に日に少なくなってゆく、アフガニスタンの記事を探しながら、わたしは新聞を注意深く読んでいます。暫定《ざんてい》政府ではありますが、ガザイル議長はじめ、閣僚たちが自国の復興のために、全力を尽くしている様子が伝わってきます。議長が力説していることの中に、「教育を立て直す」ことがあります。…国を復興させるためには、まず子どもたちの「教育」からはじめなければならない…と、彼は機会があるたびに声を大にして話しています。

わたしにできることはないだろうか？　と考えつづけています。アフガニスタンに「シュタイナー学校」をつくるという考えは、突飛《とっぴ》なことでしょうか？　志のある人を「ひびきの村」に招き、「シ

メッセージ＿＿＿＿＿＿＿＿＿＿＿＿＿＿＿＿＿＿＿＿＿＿＿＿＿＿＿＿＿

ュタイナー学校の教員養成プログラム」で勉強してもらう、という考えはおかしな考えでしょうか？彼らがアフガニスタンに帰って「シュタイナー学校」をはじめるとき、わたしは彼らを手伝い、彼らと一緒に働きたいのです。

必要とされるなら、そして必要とされるときに、是非、アフガニスタンを訪ねたいと考えています。そして、いつか、アフガニスタンの教育を立て直す仕事を手伝いたいと思います。

2月7日

東京から、大村真紀と孫の野々香が訪ねてきました。わたしの長男、一郎のパートナーと彼らの長女です。半月ほど前、受話器の向こうから聞こえてくる野々香ちゃんの笑い声に、わたしは思わず「野々香ちゃんに会いたいなあ」と呟《つぶや》いていました。それを一郎は聞いて、真紀と相談し、わたしと野々香が共に過ごすことができる機会を作ってくれたのです。

11月に会って以来、2ヶ月ぶりに会った野々香は、少し背が伸び、ふっくらとして以前よりお姉さん顔になっていました。少しの間、恥ずかしそうにお母さんのスカートの裾《すそ》をつかんで隠れていましたが、やがてわたしがさし出す腕につかまり、わたしの膝《ひざ》にのり、胸に抱かれて…翌朝、目が覚めたときには、前と同じようにすっかり仲良しに戻っていました。与えられた日々を心からありがたく…大切に過ごします。

2月15日

一月遅れの奥田岳史くんの誕生祝いをしました。

シュタイナー学校では、子どもが誕生日を迎えるたびに、担任の先生が「詩」を書いてプレゼントします。そして、子どもはその「詩」を家に持って帰り、その「詩」を毎日唱えます。
先生は「詩」の中に、その子どもの成長の過程を、また、子どもがこれから出会うであろう困難や課題、そして、克服しなければならないことを書きます。愛を込めて、真心を尽くして、わたしたちは全身全霊を以て「誕生日の詩」を書きます。

奥田岳史くんの14歳の誕生日によせて

峠を登りつめて
今　あなたは　風に吹かれて立っている
思えば　細く　険しく　曲がりくねった道だった
苦しくて　寂しくて　不安で…
あなたは　引き返すことも　進むこともできずに
ただ　うずくまっていたこともあったっけ
横なぐりの雨に打たれ　強い日差しにさらされて
避けることも　身を隠すこともできずに
ただ　佇《たたず》んでいたこともあったね

その道を登りつめた　あなたの前に…
ほら　見えるでしょう？　あの広い草原が！

メッセージ ________________________________

はやぶさのように　雲が　空を飛び
青い草が　大波のように　風に揺《ゆ》れ
天から注がれる光は　大地を貫いている
どこからか　鳥のさえずりが　聞こえてくる
かぐわしい　花のにおいも　漂《ただよ》ってくる

あなたの前につづく道は
あの草原へと　あなたを誘っている
そして　草原のむこうには…
見知らぬ人々が暮らす　町がある

2月17日

明日から7、8年生のクラスでは「世界史・ルネサンス期」のメインレッスンがはじまります。図書館でたくさんの本を借りてきました。

ルネサンス期は、近代文明の「曙（あけぼの）」と呼ばれています。つまり、今日のわたしたち人間の考え方、感じ方、在り方、生き方を決定したターニング・ポイントでもあります。

わたしは子どもたちと一緒に、「夜明け」を見に行こうと計画を立てています。空がだんだんに白みはじめ、東山の陰から太陽の光線が大空に散り…そして、金色に輝く太陽がついに山の端（は）に、姿を現す！　そのとき、わたしたちはどんな気持がするか？　どんなことを考えるか？　心にどんなことを感じるか？…ルネサンス期の人々が、世界の曙（あけぼの）を予感したとき、そして、暗い帳

（とばり）が明け、太陽の輝きを見たとき、そしてまばゆい光をその身に浴びたとき、いったいどんなことを思い、そんなことを考え、どんなことをしたのか…子どもたちはきっと理解することでしょう。

2月19日

4月からはじめられる「シュタイナー学校教員養成プログラム」第2期の、新しいスケジュール作りが佳境に入りました。シュタイナー学校で長く教えた経験をお持ちの方が、日本にはまだ多くいらっしゃいません。そのために、外国からお出でいただける方々と連絡を取り合いながら、スケジュールを調整する仕事はとても重要です。さまざまなことに気を配り、時間とエネルギーが必要とされる仕事です。

ありがたいことに、「ひびきの村」で教員養成プログラムがはじめられたことを、喜んでくださる方が世界中に大勢いらっしゃいます。そしてその方々は、できる限りの援助をしたいと申し出てくださっています。

今年は、マウイ島からキース・マクラリー氏がおいでになります。3ヶ月間滞在して教えてくださると連絡が入りました。オーストラリアからはターン&ベン・チェリー夫妻が、サクラメントからは昨年に引き続いてパトリック・ウェークフォード・エヴン氏がお出でくださいます。この3月で「東京シュタイナー・シューレ」を退職される石原純さんも4月から「ひびきの村」の仲間にお入りになります。治療オイリュトミストのアンドレアス・ベズーフ、音楽のピーター・ニュートン、そして、ナンシー・レオポルド…今年も、力を具《そな》えた多くの方々に助けられて、教員養成プログラムはきっと充実したものとなることでしょう。4月から17人の方々が受講される予定です。

メッセージ＿＿＿＿＿＿＿＿＿＿＿＿＿＿＿＿

2月22日

「教員養成プログラム」で、「一般人間学」の授業がはじまりました。ご存じの方も多いことと思いますが、この本は、ルドルフ・シュタイナーが「シュタイナー学校」を始める前に、教師となることを志した人のために行った、2週間の集中講座の内容をまとめたものです。いわば、シュタイナー学校の教師にとってはバイブルのように大切な本なのです。

わたしがこの本をはじめて読んでから、20年が経つでしょうか？　正直に言うと、はじめて読んだときには書かれていることの意味が、わたしにはさっぱり分かりませんでした。…「思考」はわたしたちが過去に経験したことの鏡像で、「意志」は未来につながる……？

わたしがなんとか分かりはじめたのは、ルドルフ・シュタイナー・カレッジで、当時学長だったレネ・ケリード氏の講義を受けたときでした。「すごい！　すごい！」と、ただ感嘆していました。そして、こんなに難しいこと、大変なことをわたしにできるはずはない、と、そこに書かれていることが真理であると分かれば分かるほど、落胆もし、失望もしました。

そして今わたしは、「シュタイナー学校」の教師になろうと志している方々と一緒にこの本を読んでいます。読むたびに、新しい発見があり、以前よりは深く理解できたと思われることがあります。迷ったとき、困ったとき、分からなくなったとき、確信が持てなくなったとき…どれほどこの本に助けられたことでしょう。まことにありがたい本です。

2月25日

今日から、教員養成プログラムで学んでいる受講生たちの実習がはじまりました。2学期につづき、2回目なので、実習生は少しリラックスしている様子です。

「シュタイナーいずみの学校」の担任の先生方も、各教科の先生方も、みんなが惜《お》しみなく協力してくれます。勿論、子どもたちも！

休み時間や放課後、教室の片隅や廊下、職員室で、実習生と先生方が熱心に話している姿をあちこちで見かけます。子どもたちは、精魂を尽くして務めを果たしている先生方と実習生の姿を見ています。子どもたちの手本であろうと日々努力している同僚たちの姿に、わたしは手を合わさずにはいられません。「わたしは教員養成プログラムで学んでいませんから…」とか、「わたしの授業は見ていただくほどのものではありません」とか、「大人が入ると、子どもたちが落ち着かなくて授業がやりにくいんです」と言って実習生を受け入れることを躊躇《ちゅうちょ》する人も、臆《おく》する人もいません。彼らは、「子どもたちのためになることなら、どんなことでもする」と心に決めている人たちです。彼らの存在は尊く、気高く、ありがたく…彼らの仕事によって、必ずや日本の教育が変わる日がくる…わたしの確信はますます強くなるばかりです。

3月1日

2日早い「ひな祭り」をしました。子どもたちは、……町から遠く離れた山奥に、毎年春になると、たくさんの桃の花がそれはそれは美しく咲く里がありました…とはじまるお話を聞き、「お雛様《ひなさま》」の歌を歌い、ライヤーとリコーダーが奏《かな》でる春の調べを聴き、手製の雛あられとお餅《もち》と甘酒をいただき、桃の花に囲まれて桃づくしの一日を楽しみました。

お母さんに花の髪飾りをつけてもらった孫の野々香も仲間にいれてもらいました。（金曜日の全校集会には、どなたでもお出でいただけます。どうぞ、お出かけください）

メッセージ＿＿＿＿＿＿＿＿＿＿＿＿＿＿＿＿＿＿＿

3月4日

「自然と芸術と人智学を学ぶプログラム」（略称ＮＡＡ）では、先週から「ゲーテによる自然観察」の授業がはじまりました。

1週間、毎日ひたすら「植物」を観察しました。観察をしているつもりなのに、自分の知っていることで判断したり、想像したり、空想したり…体験したことを無理に当てはめたり、感情を投影させたり、期待したり…先入観を持ちながら見たり、断定したり、予想したり…。なかなか植物そのものを観ることができません。これほど、わたしたちはそのものを観る、聴く、知覚するということができていないということに、わたしたちは驚きあきれ、あちこちでため息が洩（も）れました。

けれど1週間、辛抱し、根気よく観る作業をつづけているうちに、わたしたちの前に、少しずつその植物自身が持つ法則、そしてその種の植物が共通して持っている原型や法則が見えるようになってきました。そして、それは、観ているわたしたちがいる場所、立場、状況、状態を越えて存在する、「たった一つ」のものだということにも気が付いたのでした。

【薔薇《ばら》】

・茎《くき》は、根元から先へゆくに従って細くなる。
・葉脈は、葉が枝に付いている部分（これからは根元と呼ぶ）が太く、先へゆくほど細くなる。
・葉は、根元から左右に徐々にふくらみ、中頃を過ぎると徐々にすぼまって、先端は一つになる。
・茎から出ている枝を観ると、枝に付いている葉は、茎に近い方が小さく、先にゆくほど徐々に大きくなり、中程を過ぎると徐々に小さくなる。
・どの枝にも同じ現象が見える。

【法則】

・薔薇は、全体（1本の茎に付いている枝、葉、花）の形と、葉の形が同じ（相似形《そうじけい》）である。
・茎から出ている1本1本の枝全体の形と、葉の形が同じ（相似形）である。

わたしたちは、この他にもいくつかの「法則」を発見しました。わたしたちが自分の思いに囚《とら》われず、知識、先入観、偏見、体験など…わたしたちに染みついているさまざまなことを振り捨てて物を観ると、こうしてその物が「法則」を、「真理」を開示してくれます。そのとき、わたしたちの認識は「一つ」になり、そこでは互いに対立し、争うことがありません。

こうして世界に対するわたしたちの認識がいつでも一致すると良いですね。そうすれば、そのときはじめてわたしたちは、それぞれの心に生ずるさまざまに異なる感情を、大切にし合うことができると、わたしは確信しています。

3月6日

前田紀子ちゃん（仮名）が転入学してきて1週間が経ちました。

紀子ちゃんと紀子ちゃんのお母さんがはじめて、大変な事件が起きた都会から「シュタイナーいずみの学校」にやってきたのは、1月の凍《い》てつく日のことでした。その日も朝から集まって、大人も子どもも、仮校舎の建築に汗を流していました。紀子ちゃんは、外はプレハブでも、靴入れも、ロッカーも、廊下も、教室のドアも壁も床も…中はみーんな木で造られている校舎がとても気に入ったようでした。

ご自宅へ帰ったお母さんから「あの木の校舎で勉強することを、紀子はとてもとても楽しみに待っています」と書かれたお便りが届きました。そして、紀子ちゃんはやってきました。2日目から、お母さんの迎えを断り、お友だちと楽しそうにおしゃべりしながら帰る紀子ちゃんの姿を見て、みんな

メッセージ ＿＿＿＿＿＿＿＿＿＿

がほっとしました。…紀子ちゃんは事件があってから、一人で外に出ることができなかった…と聞いていましたから。

紀子ちゃんの受けた傷が癒されますように、そして、その体験がいつの日か彼女の内で光となり、愛となり、力となりますように。それらが彼女が彼女自身の使命を果たす糧《かて》となりますように。そして、そのために、わたしとわたしの仲間に与えられている役割を、わたしたちが果たすことができますように。

3月10日

「シュタイナーいずみの学校」の第1回卒業式が行われました。

わたしが学校へ着いたときには、前夜、遅くまで残って働いてくださった大勢の先生方の手によって、会場はすっかり美しく整えられていました。大きな壺《つぼ》に活《い》けられた色とりどりの美しい花々、瑞々（みずみず）しい若草。正面の白い壁には中村トヨ先生が描いた薔薇《ばら》の絵が飾られています。部屋の四隅には柔らかい色の絹の布が下げられ、部屋はほどよく温められ…みんなが来るのを静かに待っていました。

3人の卒業生とわたしは、胸にブーケをつけ、人影がなくなった廊下で待っていました。ネクタイを締《し》め、ジャケットを着た岳史君と光正君、ピシッとアイロンがかけられたシャツとジャンパースカートを身に着けた優翔《ゆうか》ちゃん…なんと輝いているのでしょう！　彼らの担任として共に学び、共に過ごした日々が、わたしにどれほど多くの歓びをもたらしてくれたことか！　わたしの人生の中で、もっとも特別で大切なときであったことに、今さらながら心の底から感謝したのでした。

そして、ライヤーとリコーダーの音に誘われて、わたしたち4人はみんなが待っている会場に入ってゆきました。
（詳細は、本文「今月のトピックス・別れ、そして旅立ち」に書きました。どうぞ、お読みください）

3月11日
日ごとに、パレスチナとイスラエルの紛争が激しくなってきました。自爆テロが毎日のように起きています。さまざまな点で力の劣るパレスチナの人々に残された、唯一の戦う道なのでしょうか。20歳の女性も身体に爆弾をまきつけて多くの人々を道連れにしながら自爆しました。
イスラエルでは18歳になると男も女も兵役を課せられます。今、６００人もの若者が刑務所に送られることを覚悟しながら、兵役を拒否しました。
この悲惨な紛争の陰にも、アメリカのエゴイズムが、グローバリゼーションがはっきりと見えます。パレスチナとイスラエルが互いに譲歩し、それぞれの国の自立を認め合う以外に、解決の方法はない、ということがなぜわからないのでしょうか！

3月16日
「シュタイナーいずみの学校」の3学期最後の集いがありました。子どもの数が増えて、学校ではできなくなり、2学期から伊達市のカルチャーセンターのホールを使わせていただいています。今日も、元気な32人の子どもたちが、それぞれ学んだことを見せ合い、聞き合いました。
5、6年生が「クレオパトラ」の劇を上演しました。練習する過程で、すべての子どもがすべての役を経験し、その上で、先生が配役を決めたと聞いています。
演劇は芸術をはじめ、さまざまな要素を持っているため、これまで子どもたちが学んだこと、体験

メッセージ＿＿＿＿＿＿＿＿

したことのすべてが顕《あらわ》れます。そして、子どもたちは仲のよい友達は勿論のこと、気が合わないクラスメートとも、折り合いをつけて一緒に演じなければなりません。つまり、「演劇」は、人との関わりを築くことを学ぶ素晴らしい機会でもあるのです。

与えられた役が不足だと感じた子ども、役が大きすぎて圧倒されてしまった子ども、すっかり塡（はま）っていた子ども、与えられた役を喜んで演じた子ども…成長した子どもたちの様子を見ることは、無常の喜びです。

3月20日

「シュタイナー学校の教員養成プログラム」の受講生の方々が、1年の学びを終えられました。2001年4月4日に、10人の受講生を迎えてはじめられたプログラムでした。途中、一人が身体の調子を崩したためにプログラムで勉強をつづけることができなくなりました。彼は「シュタイナーいずみの学校」に通う子どもの親御さんでもあります。健康を取り戻されたら、また、受講される機会もあることでしょう。

シュタイナー学校の教師になるためには、何年かけて学んでも、「これで十分」ということはないとわたしは考えています。ですから、本来でしたら、もっともっと時間をかけて、共に学びたいのです。けれど、主催する「ひびきの村」のわたしたちにとってもはじめての試みであり、受講者の皆さんにとっても2年、或いは3年かけて学ぶことは容易なことではないということも察せられます。

シュタイナー学校の教師になるための勉強をする場所をつくることは、緊急の課題でした。「そのために、できる限りのことをしよう」…そう意を決して、わたしたちははじめたのです。

9人の卒業生のうち、7人が伊達市に残り、4月から「シュタイナーいずみの学校」で勤務することを決められました。新1年生の担任をはじめ、担任のアシスタント、さまざまな教科の教師、特別なケアが必要な子どものための教師、高等部の教師…それぞれの方が、ご自分の使命だと確信された仕事を始めます。まことにありがたいことです。

新しい仲間を迎えて「シュタイナーいずみの学校」の先生方も新しい息吹《いぶき》と、力と、光と、熱をたくさんいただけることでしょう。力を合わせ、心を合わせて、子どもたちが必要としていることを全力で尽してゆきたいと、心を新たにした一日でした。

3月21日

昨日の午後、「教員養成プログラム」の終了式を終えてから、夕方の列車に飛び乗り、千歳空港から飛行機に乗って東京にやって来ました。今年になってはじめての上京です。また、24日は岐阜県各務原でも講演会を「コープくらしたすけあいの会ぎふ」の大堀様はじめ、ご関係の方々にご用意いただきました。(ありがとうございました)。久方ぶりに東京と岐阜の皆さまとお目にかかる日を心待ちにしておりました。

東京での「ほんの木」主催の講演会の会場に設定していただいた「上智大学」へ足を踏み入れることも、数十年ぶりのことです。16歳で肺結核を患《わずら》う前、聖歌隊で歌っていた頃のことが懐《なつ》かしく思い出されます。聖書の講義をしていただいていた神父様は、今どこで、どうしていらっしゃるでしょうか?

メッセージ ____________________

今月のトピックス

TOPICS

「別れ、そして旅立ち」

「カノン」に送られて…

2002年3月10日の日曜日、「シュタイナーいずみの学校」第1回卒業式が行われました。わたしが担任した3人の8年生、奥田岳史《たけし》くん、林田光正《みつまさ》くん、森下優翔《ゆうか》ちゃんが卒業しました。

その日の朝、雨が屋根を叩《たた》いている音で目を覚ましました。カーテンを開けて外を眺《なが》めると、空には濃いねずみ色の雲がいちめんにたれこめ、海と空とが溶け合って渾然(こんぜん)としているのでした。ときおり東山からさーっと風がおりてくると、雨が梢(こずえ)に、軒(のき)に激しくぶつかり、音をたてます。こんな日にカラスが一羽…なぜ飛んでいるのかしら?

「ああ、この空は、子どもたちとの別れを惜《お》しんでいる、わたしの心そのままだわ」…そう思いながら、わたしはしばらく空と海と雨とカラスを眺《なが》めていたのでした。そして、彼らと共に過ごす最後の一日を迎える今日までの、長い道のりを思い起こしていたのでした。

部屋にはカノンが流れています。チェロが奏《かな》でる低音が、ゆったりと揺《ゆ》れる波のように高く、低く、また高く…弦《げん》を弾(はじ)くビオラの音が加わり、高音部を弾《ひ》くヴァイオリンがそれを追いかけ…。わたしの胸には卒業式のあれこれの情景が浮かび、消えてゆくのでした。

このメロディーを聞いた最後の卒業式は、たった一人、わたしのための卒業式でした。11年間暮らしたサクラメントを後にすると決めた、わたしのために開かれたお別れ会…それは、まさしくルドルフ・シュタイナーの思想を学び、実践しはじめた第一段階を卒業したことを意味するものでした。

1998年7月のある夜、ルドルフ・シュタイナー・カレッジで共に働いた同僚たち、共に学んだ学生たち、そして共に暮らし、共に励んだ多くの友人たちが、フィラデルフィア・ホールいっぱいに集まっていました。

オペラ歌手だった友人が、日本語で「アデュー」を歌って驚かせ、始終言い合いをしていたブック・ストアのマネージャーが強いフランス語なまりでわたしを題材にしたコントを披露してはみんなを笑わせ、姉のようにわたしの面倒をみてくれたカレッジのチーフ・アドミニストレーターがわたしを「詩」に詠（うた）い、幼児教育のディレクターをしている親友が演出した劇「星の子」がスタッフによって演じられ、いつ終わるのかと心配になるほど、次から次へと友人たちがステージにあがってわたしと共通した、ざまざまなことを話し…延々とつづいたその会もようやく終わりに近づきました。

熱い夏の夜がたっぷり更《ふ》け、わたしは万感を込めて別れの挨拶をしたのでした。

「ありがとう、そして、さようなら」

わたしがステージのステップに足をかけたとき、ホールの奥の暗がりからピアノの音が流れてきました。目を凝《こ》らすと、背を丸くしてピアノを弾《ひ》いているブライアン・グレイの眼鏡がキラリと光りました。ブライアンの指先から流れてくるメロディーは「カノン」でした。

贈られたたくさんの花を腕にかかえて、わたしはホールの外に出ました。湿ったなま温かい風が頬《ほほ》をなでてゆきました。アイルーンが丹精《たんせい》して育てた薔薇《ばら》の香りがつーんと鼻を突きます。フットライトを頼りに暗いキャンパスを歩き、車に乗り込もうと身をかがめたときにも、ピアノの音はまだかすかに聞こえてきました。

わたしがルドルフ・シュタイナー・カレッジの「シュタイナー学校の教員養成プログラム」を卒業したとき、式場に流れていたメロディーも「カノン」でした。

ようやく太陽が沈み、一日中火照（ほて）っていた大気が鎮《しず》まった頃、カレッジの庭に合図の鐘《かね》の音が流れました。アルゼンチンから勉強に来ていたクラスメートと並んで、わたしは列の先頭に立ち、ホールのドアが開けられるのを待ちました。内側からドアが開けられると、澄んだ美しい弦の音色が流れてきました。クワルテットが奏でる「カノン」です。

ホールの通路を歩いてゆくと、背筋をぴんと伸ばしてこちらに顔を向けている次郎の姿が目に入りました。「ありがとう、次郎。一緒にアメリカに来てくれて…たくさん苦労をしたわねえ。そして楽しいことも！」…おかしいことを笑い合い、些細《ささい》なことでぶつかり合い、一緒に勉強し、休暇には旅をして…次郎と過ごしたあれこれを思い出しました。

そして、日本に残った長男…。その日、家を出る間際に大きな美しい花束が届けられました。カードを見ると、送り主の名は「ICHIRO」と書かれていました。…たくさん苦労をかけたのに…日本に残ってどんなにか寂しかったかしれないのに…わたしに相談できないほど困ったこともあったに違いないのに…わたしを恨《うら》んだこともあったでしょうに…44歳になって大学を卒業するわたしの門出を祝って、彼は遠い日本から美しい花束を贈ってくれたのでした。

子どもがいじめられる…

「シュタイナー教育を学んで、日本にシュタイナー学校をつくろう」…わたしがそう心に決めたのは、40歳のときでした。

その頃、わたしは自宅で子どもたちに英語を教えていました。一郎が小学校に入学し、1年経ち、2年経ち、3年経ち…日が経つにつれて考え込み、不信感がつのり、迷い悩む日々が多くなりました。

「学校はなにかおかしい」

「どうしてこんなに窮屈《きゅうくつ》なのだろう?」

「もっと違う学び方があるはずだわ」

「こんなんでいいのだろうか?」

一郎が学んでいる内容、学び方、教えこまれる道徳、彼をしばっているさまざまな規則、掲げられている目標…。一郎が4年生になると、わたしの懐疑はますます深くなるばかりでした。担任が変わりました。大変優秀な先生だと評判の、40代なかばの女性でした。

「あの先生はヴェテランだから、安心して委せられるわ」

「あの先生なら、クラスをきっちり掌握《しょうあく》できるでしょうね」

「高学年になる前にしっかりした先生に当たって、うちの子はなんてラッキーなんでしょう」

同級生の母親たちがこう話していることばを、わたしは始終耳にしました。けれど、わたしはそうは考えていませんでした。彼女たちのように安心してはいませんでした。

2学期がはじまり、授業参観の後、学級懇談会がありました。

「わたしには気になることがあるんですよ。子どもたちは以前より、とても窮屈(きゅうくつ)な顔をしているように見えるんです。授業中に先生の質問に答える子どもたちの声が、とても小さくなりました。手をあげて答える生徒はいつも決まっています。休み時間になると、怒っているのかしら?

と思うほど、どの子も大声を出して怒鳴《どな》るような話し方をします。みんなの動きも粗雑です。友だちをからかったり、揶揄（やゆ）するようなことを言っては笑い合っています。みんながとても不自由なようで、わたしはとても気がかりなんですよ…」

その日、わたしの話に耳を傾けてくれたのは一人だけでした。

「わたしは早く結婚して20歳で母親になってしまったので人生経験も浅く、よく分からないんですけど…」

その若いお母さんはそう言って、わたしの顔を真っ直ぐ見ながらこう言いました。

「うちの子が最近、弟にとても乱暴なことをするんです。汚いことばも使うようになりました。以前はとてもやさしい子だったんですよ。どうしたんでしょうねぇ」

担任の先生はすかさず答えました。

「そういう年頃なんです、4年生というのは…。心配することはありませんよ。5年、6年になればまた、落ち着いてきます」

「そうなんです。うちの子もなんだかこの頃威張《いば》ってばかりいて…」

「口答えするようになって、心配していたんですけど、大丈夫なんですね」

「最近、わたしが言っても家の手伝いを全然してくれなくて、困っていたんですけど、そういう年頃なんですね。そのうち良くなるんですね」

「そうですよ。田口先生のようなヴェテランにお任せしておけば、心配なことなんてありませんよ」

わたしは余計なことを言ったとばかりに睨《にら》まれ、話題はすぐ別なことに移ってしまいました。

「うちの子が持って帰ってきた理科のテストの点数、すごく悪かったんですけど、皆さんのお子さんはどうでしたか？　問題がむずかしかったのでしょうか？」…。

心から悔《く》やまれることに（わたしの考えを話したことを悔やんだのではなく、最後まで問題をつきつめて話し合う努力をしなかった、そのことを、わたしは心から悔やみました）…わたしはずっと後で知ることになったのですが…その日を境に、一郎はいじめられるようになりました。長い間、彼はわたしに何も話しませんでした。わたしは母親として、もっともっと彼を注意深く見なければならなかったのに…。

ある日、顔のあちこちに擦《す》り傷をつくって帰ってきた一郎を見て驚き、わたしは「何があったのか」と尋《たず》ねました。

「今日の昼休み、雨が降っていて外に出られなかったんだ。だから、ぼく剛（つよし）くんと階段の上でボールを投げ合って遊んでいたんだよ。ぼく、剛くんが投げたボールを取り損（そこ）ねてね、階段を落ちていったボールを追いかけて、だだだって勢いよく駆け下りたんだ。そしたら、つんのめっちゃって前にいた下級生にぶつかっちゃったんだよ。ごめんね、って言ったんだけど、その子泣いちゃって…。そしたら、みんなが来て僕を殴《なぐ》ったり蹴《け》ったりしたんだ」

「どうしてそんなことするの？」

「みんな、僕がわざとしたって言うんだ」

「わざとじゃなかったんでしょう？」

「ウン、ぼく本当に足がすべっちゃんたんだよ」

「先生は来なかったの？」

「来たよ」

「それで、先生は何も言わなかったの？」

「一郎くんが悪いのね、って言った」

「それだけ？」

「ウン。それから職員室へ呼ばれて叱《しか》られた」

「なんて？」

「あなたは落ち着きがないからこういうことが起こるんです。あなたが乱暴なことをするから、友だちもあなたに乱暴するんですよ。友だちと仲良くしたかったら、あなたが良くならないとね、って言われた」

「あなたは訳を話したの？」

「聞かれなかったから話さなかった」

「話さなきゃ分からないでしょう？」

「でも、いつも話を聞いてくれないから…」

「いつも、って…こんなことはじめてじゃないの？　しょっちゅうあるの？」

「うん、先生に注意されると、その後たいていみんなにいじめられるよ」

「あなたは先生にそんなに注意されるの？　どんなことを注意されるの？」

「昨日は、給食のとき着る上っ張りのこと言われた」

「なんて？」

「みんなに守谷くんの上っ張りとぼくのを比べて見せてね、守谷くんのお母さんはいつもアイロンをかけてピシッとしたのを持たせます。大村くんのを見てください。洗ったまま、アイロンをかけていません。先生はピシッとしたものが好きです、って」

わたしはテトロン製の上っ張りにアイロンをかける必要はないと思っていました。こんなことで一郎がいじめられている…＊先生が一郎を叱ったり、悪く言うと、子どもたちは「いじめてもいいんだ」と思うのかしら？　それとも、これが「虎の威《い》を借りる」っていうことなのかしら？

4年生になって担任が変わる前は、わたしが学校のあれこれを心配していることをよそに一郎には仲良しな友だちもいっぱいいて、毎日元気で学校へ通っていました。それなのにどうして？　勿論、一郎にも改めなければならない言動があるでしょう。けれど、どう考えても、彼がいじめられている原因は…担任の先生に嫌われている、始終叱られている、疎外されている…ことしか考えられませんでした。そうでなかったら、それまで仲良くしていた子どもたちが、なぜ、急に一郎をいじめるようになったのでしょうか？

わたしは先生と何度も話し合いました。彼女が一郎の欠点だと指摘することは、ことごとくわたしが彼の長所だと考えていることでした。

…障害を持っているクラスメートに、一郎くんはきついボールを投げます。他の子は彼が受け取れるようにやさしく投げるのに。（一郎は、彼にもそのくらいのボールは受け取れる、と思っているんです。やさしく投げるなんて、みんなはその子をばかにしている、って言っていますよ）

…写生をするとき、塀《へい》に腰掛けて描いていました。注意してもおりてきません。「ここから見える景色が描きたい」って言って。他の子はみんなわたしの言うことを聞いておりてきたんですがね。

（高い所は気持がいいでしょうねえ。そこから見る景色はいつも見ている景色と違っていて、きっと彼の心を捉えたのでしょう。あの塀は落ちたら大変な怪我をするほど高くはありませんね。怪我をしたら、親のわたしが責任を持ちます。決して、先生を責めて責任をとっていただこうとは考えませんから…）

…給食を食べない子がいると、すぐに「ぼくが食べてやる」って言って、一郎くんが食べてしまうんです。好き嫌いなく、なんでも食べさせようと思っているのに…。わたしは、食の細い子にも頑張って食べてもらいたいんです。食べるのが遅い子にも、最後まで食べなさいと言っているんです。けど、いつも一郎くんが邪魔《じゃま》するんですよ。(「おいしい」って感じないときは、無理にたべなくてもいいのよ、って、わたしが言っているからでしょうか。食べられない子を見ていると、きっとわたしが言っていることを思い出すんでしょう。助けたいんだと思いますよ。それに、先生もご存じのように、彼はたくさん食べる子なので、おかわりも欲しいのでしょう)

いちいち反論するわたしに、先生は怒りの表情を見せ、わたしを軽蔑《けいべつ》しきった目でごらんになりました。

「先生とわたしの価値観はずいぶん違うようです。先生が悪いと言われることを、わたしは悪いとは考えません。わたしが育てているのですから、一郎はわたしの価値観を受け継いでいるのでしょう。先生にとって、そんな一郎はずいぶん異質に映ることでしょうね。

一郎を、先生のお考えになる優等生にしようとなさるなら、まず、わたしの価値観を変えていただかなければなりません。その価値観を、わたしはこれまで生きてくる間に築いてきました。わたしの価値観が絶対に正しいとは思いませんが、先生の価値観に合わせて変えようとも思いません。

先生にはご苦労をかけることになると思いますが、一郎が成長して、自分で自分の価値観を変える必要があると考えるまで、彼は彼のままだと思います」

わたしは、そう話して帰ってきました。そして、どんなことをしても、一郎を守ろう、彼の良さを活かして育てよう、と心に決めました。

わたしには、担任の先生の態度や考え、言動が、同級生に一郎をいじめるよう、奨励《しょうれい》しているように思えてなりませんでした。読者のみなさまの中には、「それは言い過ぎ」と、思われる方がいらっしゃるかも知れません。けれど、少なくとも、先生は「いじめ」を黙認していたのでした。

「たとえ世界中の人があなたを悪く思うことがあっても、わたしはあなたを正しいと信じているからね。ごめんなさいね、これまで気がつかなくて。これからはどんなことをしてもわたしが守るからね。許してね」

それから、わたしは彼をひどくいじめているという、以前はよく一緒に遊んで仲良しだったクラスメートを訪ねて話をしました。

「一郎にもきっと落ち度があったのだと思うわ。でも、それを暴力で示すのではなく、分かるように一郎に話して欲しいの。暴力をふるうことは、あなたがしたいことではないでしょう? わたしはあなたを小さい頃から知っているもの。

仲が悪い友だちにいじめられるのならしょうがないと、一郎も諦《あきら》めると思う。でも、1年生の頃からずっと仲良くしていたあなたに、なぜいじめられるのか、一郎には分からないのよ。それが悲しいのよ、わたしも…。なにか、イヤなことがあるの? 一郎のすることや言うことに…」

「一郎くんの手にできている湿疹《しっしん》がきたならしい…」

彼が口ごもりながら話してくれたことは、またしても、わたしの責任でした。一郎の湿疹を、本気で治療しなかったのは、わたしでした。しつっこい湿疹でした。医者から渡された薬を使うと、湿疹は消えました。が、それは抗生物質が入っているものでした。長い間使いたくはありませんでした。もっと食事に注意していればよかった! 忍耐強く治療をつづければよかった! 母親として、わたしは実に怠慢でした。

卒業文集に載った一郎の作文の一つに、こんなことが書いてありました。

今月のトピックス

…4年生が終わった！　終了式を終えて校門を出たとき、ぼくは「ばんざーい」と大声で叫んだ。うれしくてたまらなかった。いじめられた友だちと、これで別れられる。先生も変わる…

5年生、6年生の間、一郎を担任してくださったのは、定年を間近に控えた男の先生でした。「定年まで子どもと一緒にいたい」とおっしゃって、昇級試験を受けずに通された方でした。先生は家庭訪問のおりに、…4年生のとき、職員室でも一郎くんは「悪い子」というレッテルを貼《は》られていた…とおっしゃり、いつも気にかけていてくださったということを知りました。

先生は、子どもたちに「善いこと」と「悪いこと」、「してはいけないこと」を、しっかり教えてくださいました。顔を会わせるたびに、…お母さん、一郎くんほど良い子はいませんよ、あっはっはは…と笑っておっしゃるのでした。その様子から、どの子のお母さんにも、そう伝えているのだということが察せられ、ありがたく、嬉しく、わたしは心から感謝したのでした。

それから卒業までの間、一郎がいじめられることはまったくありませんでした。

シュタイナー教育に出会う

それから、わたしは本気で教育に向き合おう、と決めました。

ＰＴＡの役員を積極的に引き受けました。広報部に入り、ＰＴＡ新聞を本気になって編集し、発行しました。教育の根本的な問題、ＰＴＡのあり方、教師と父母の関係…などを取り上げ、多くの人の考えを載せました。仲間も増えました。彼等はわたしを信頼し、自分たちの子どもをわたしの塾に通わせるようになりました。

学校が変わる！　父母が変わる！　教師が変わる！　と、期待した日々でした。けれど、一郎が卒業し、わたしが抜けるとすべてが元に戻りました。わたしが断固としてやめたことに、PTAの研修会がありましたが、またそれは、物見遊山《ものみゆさん》の小旅行に戻ってしまいました。お酒も出、カラオケもあり、あろうことか猥談《わいだん》まで飛び出すものになり果てたと聞きました。

その頃、東京で暮らす友人の一人に、「シュタイナー教育」の講座に誘われました。その2年前に、子安美智子さんがお書きになった「ミュンヘンの小学生」を感動しながら読みました。…ああ、こんな学校があったら、子どもたちはみんな幸せな気持で毎日学校に行けるのに…と、つくづく溜息《ためいき》をつく思いでした。

講座で教えてくださった講師は高橋巖《いわお》さんでした。大学生の頃、ルドルフ・シュタイナーの名前を聞いて知ってはいましたが、本格的に学ぶのは、それがはじめてでした。

高橋巖《いわお》さんの講義は格調の高いものでした。とても興味が湧きました。中でも、「霊学」ということばに惹《ひ》かれました。「霊学」が、シュタイナー教育の基にある、ということを知って、わたしは「霊学」を学びたいと考えるようになりました。

そんなとき、今度は知人に、「一般人間学」を読む勉強会に誘われました。

むずかしかった！　けれど、そこに書かれているものが、「霊学」なのだということは分かりました。そして、そこにこそ、それまでわたしが求めても、求めても得ることができなかったもの、学問にも、宗教にも、芸術の中にも見いだせなかったもの…「真理」…があると、わたしの「直感」は教えてくれたのでした。

それから、オイリュトミーをし、濡《ぬ》らし絵を学び、シュタイナーの本に書かれている内的な成長を促すエクスサイズもしました。けれど、これといって確たるものが得られず、わたしはもどかしくてたまりませんでした。断片的にしか学べないことに、焦《あせ》りを感じていました。

日が経つにつれて、もどかしさや焦りは大きくなるばかりでした。勉強したい！　もっと、ちゃんと勉強したい！…思いは募《つの》るばかりでした。どうにかして、集中して学べないものか?…

そんなある日、まったく偶然に、カリフォルニアのサクラメントにあるルドルフ・シュタイナー・カレッジのパンフレットが、わたしの手許に届きました。「ここに行ったら、シュタイナーの思想とシュタイナー教育が学べる！」…パンフレットに載っていた数枚の写真…カリフォルニアの明るい陽ざしの下で、なにやら語り合っている学生たちの笑顔が、わたしにそう、確信させたのでした。

先生、知っているのに…

そんなある日、わたしの塾で勉強している5年生の男の子が、いつもの時間よりずっと早くやって来ました。様子がおかしいな、学校でなにかあったのかしら？　そう思って、一緒におやつを食べました。

突然、彼が言いました。

「先生、先生はいつも…感じていることと、考えていることと、することが同じだといいね。そうできるようになったらいいね。そう生きられるといいね、って言っているよね」

「ええ、言ってるわ。本当にそう思っているもの」

「それから、外国にはとっても楽しく勉強できる学校があるって話してくれたよね」

「ええ、シュタイナー学校のことね」

「その学校では、子どもたちがとっても幸せなんだ、いじめる子もいじめられる子もいない、って言ってたよね」

「ええ、そう聞いているわ」

「じゃあ、どうしてその学校をつくらないの？　そういう学校があるって知っているのに、先生も…そういう学校があるといいね…って言っているのに、どうしてつくらないの？　先生がいつも言ってることと、違うじゃない！」


返すことばがありませんでした。そう、わたしは知っていたのですから…。

外国にはシュタイナー学校があって、そこでは、子どもたちは必要なことを、必要なときに、必要なように学んでいる。そこでは、子どもたちの生命がいきいきと輝いている。子どもたちの生きる力が育てられている。そこでは、子どもたちは自由で、自立した人間として生きるための力を育まれている…そして、シュタイナー学校で学んだ子どもは、…感じることと、考えることと、することが同じ…そんな人間に成長してゆくのだ、ということをわたしは知っていました。

けれど、わたしはまた、日本にもシュタイナー学校を創ろうとしている人たちがいることを知っていました。わたしはその人たちが、いつか創ってくれるだろうと思っていました。シュタイナー学校を創ることが、自分の使命だと考えたことはありませんでした。

わたしは考えました。もし、わたしがシュタイナー学校を創ろうとしなければ、この子は、一生、人を信用しなくなるかも知れない。少なくとも、大人になるまで、この子は大人を信用せずに生きることになるだろう…。

そんなことはできない！　と、わたしの心が叫《さけ》んでいました。

…あなたは、この子に責任があるのよ。いくら塾と言っても、先生として教えていたのでしょう？

今月のトピックス

あなたはシュタイナーが言っていることを覚えている？　あなたが忘れるはずがないわ。だって、あなたはそのことばを知ったとき、興奮して一晩中眠れなかったくらいですもの…。思い出したらいいんじゃない？　そのことばを…。そう、天使がわたしの耳元で囁《ささや》きました。

「何を、どう教えるかが問題ではない。あなたがどう生きるかが問題なのだ」

シュタイナーは、シュタイナー学校の教師になることを志して、彼の許《もと》に集まってきた人々に向かって、そう話したのでした。

そのことばは、まるで天啓のようにわたしの内に轟（とどろ）きました。忘れるはずがありません。わたしがどんな教材を選び、それを使ってどのように教えるか…ということが問題ではない。大切なことは、わたしがどう生きるか…つまり、「わたしが何を感じ、何を考えているか。そして、感じ、考えたことをもとに、何をするか、ということなのだ」…それが教師としてもっとも大切なことなのだ、とシュタイナーが言っていることを、わたしはこのとき思いだしていたのでした。

わたしは「行こう。勉強しよう。そして帰ってきて、日本にシュタイナー学校を創ろう」…そう心に決めたのでした。

シュタイナー学校の先生になる

1999年10月10日、奥田岳史君一人を迎えて「シュタイナーいずみの学校」が始められました。ナナカマドの赤い実が風に揺《ゆ》れていました。よく晴れた秋の日のことでした。

サクラメントの、ルドルフ・シュタイナー・カレッジでシュタイナー学校の教師になるためのトレーニングを受けるために、わたしがアメリカに渡ってから、11年の月日が経っていました。

プログラムを終えた後、2年の間、わたしはサクラメント・ワルドルフ・スクールで、アシスタント教師を勤めました。敬愛するパトリック・ウェークフォード・エヴン氏の許《もと》で仕事をすることができたのは、実に幸運なことでした。

そこにはカレッジで学んだことが、そのまま在りました。毎日々々、それがわたしの目の前で繰《く》り広げられました。…人智学（シュタイナーの思想）を生きる人が教師になったとき、シュタイナー教育が成就《じょうじゅ》される…ということを、心底納得させられた日々でした。「教師がどう生きるか、が問われる」ということの意味を思い知ったのも、このときでした。…教師は大きな課題や問題を抱えながら、なおも日々精進する存在である…ということを、パトリックは自ら身を以て示してくれました。そうしてこそ、自らの欠点や課題を担いながらも、子どもの前に権威として立つことができるのだ、ということも知りました。それが教師をして自己の「精神の進化」を遂げるための力になるのだ、ということをも知りました。真摯《しんし》に生きる教師の姿を見せることこそが教育であるということを知りました。

その後、シェラネヴァダ山脈の麓《ふもと》の小さな町に、「セダースプリングス・ワルドルフ・スクール」（シュタイナー学校）がはじめられ、わたしは第二外国語として、日本語を教える機会を得ました。そこでも、同僚に助けられ、先輩に支えられ、父母の励ましを受けながら、わたしは「シュタイナー教育」の核心に触れる日々を過ごしました。そして、何よりも誰よりも、わたしに教師として生きることに歓びを与えてくれたのは、子どもたちでした。

こうした尊い経験を経て、日本に帰って「シュタイナー学校」を創る…という決心は、わたしの内でますます揺《ゆ》るぎないものとなっていったのです。

仲間をさがす

この間、太平洋の西と東を行き来しながら、わたしは日本で「シュタイナー学校」をはじめるための可能性を模索しつづけました。そして、日本の現状を見るにつけ、志を遂げることがどれほど困難なことであるか、ということもまた思い知らされたのでした。

一人ではできない！…つくづく思い知りました。

そんなとき、一人の友人のことばに導かれて、ルドルフ・シュタイナー・カレッジに、日本人が学ぶためのプログラムを創ることを考えました。人智学を学問として知的に学ぶだけではなく、自然科学と芸術と内的作業を通して学ぶ…真の意味で「精神科学」として学ぶことができるプログラムを創りたいと思いました。そして、それによって正しい世界観と人間観を獲得し、それが生きる力そのものになるように…と考えました。

日本でプログラムの説明会を開き、話し…7年の間に、「自然と芸術プログラム」と名付けられたそのプログラムで100人近くの人が学びました。1年間日本を離れて学ぶことができない人のためには、夏のプログラムとさまざまな短期のプログラムを開きました。そうして、7年過ぎたとき、日本でシュタイナー学校を創る…と決めた人たちが、わたしの傍《かたわ》らに立っていました。

シュタイナー学校をはじめることの難しさは、精神的な問題、経済的な問題、そして、社会的な問題があると、わたしは考えていました。それを解決するために、まず、「人智学共同体」を創ろうと決めました。

1　人智学を生き、そのことによって、わたしたちの人生の目標である「精神の進化を遂げる」…それを実践することが、シュタイナー学校の精神を支える。

2　共同体で生きるわたしたちが、経済的な基盤を持つ…それがシュタイナー学校の経済を支える。

3　わたしたちの生き方を、地域の人たちに理解してもらう…そのことによって、シュタイナー学校の社会的な位置を獲得する。それによって法的な問題が解決される。

そのために、共同体を創ることからはじめようと決めたのです。

1997年と98年には、日本全国をツアーする計画を立てました。シュタイナー・カレッジの卒業生たちと共に、旅の一座「ひびき座」を結成しました。わたしたちが送った呼びかけ文に応えてくださった方々のお力によって、日本のさまざまな場所にでかけ、シュタイナー学校の模擬授業、人形劇、講演、そして、劇「古事記」を日本の多くの方々に体験していただきました。

「子どもたちにより良い教育を…」と願っている多くの方々に出会いました。その方々と心を合わせ、力を合わせて目的を遂げよう…わたしたちは心に強く決めたのでした。

こうして、わたしとわたしの仲間は日本で「人智学共同体」を創る準備をはじめたのでした。

わたしたちが「人智学共同体」をはじめるために用意されていた土地は、北海道の伊達市にありました。噴火湾と火山に囲まれた、宇宙の力と自然の力とがいっぱいに満ちている所でした。噴火湾の向こうには、まるで夢のように美しい駒ヶ岳がそのたおやかな姿を見せています。北西には有珠《うす》山と昭和新山、はるか彼方には羊蹄《ようてい》山も見えます。

シュタイナー教育の勉強会を主宰している方の紹介で、わたしたちは東山の裾野《すその》にある、永谷牧場の一角をお借りすることができました。

5人の仲間が、サクラメントから移住しました。それはまさに、入植であり、開拓でありました。こうして彼らは友人、知人、縁者が一人もいない土地に鍬《くわ》を入れ、生活をはじめたのでした。

わたしたちは、その場所を「ひびきの村」と名付けました。

…互いの存在を聴き合い、互いの存在が響き合う…それが「ひびきの村」です。

シュタイナー・カレッジのわたしの仕事を引き継ぐ人が来てくれるまでの2年間、わたしは2ヶ月に一度、アメリカと日本を往復し、「ひびきの村」の基礎造りに励みました。若い仲間たちも全力で働きました。バイオダイナミック農業をはじめ、子どもが一人だけの幼稚園をはじめ、芸術教室をはじめました。そして、教育に関する講演、さまざまなワークショップ、季節の行事、経済的な基盤を作るために、手作りクラフトの通信販売もはじめました。

わたしたちが発行するニュースレター「風のたより」を通じて、少しずつ人が集まるようになりました。ありがたいことでした。

こうして2年の間、わたしたちは「ひびきの村」の大地を耕しつづけたのです。

日本に帰る

1998年5月23日、わたしはルドルフ・シュタイナー・カレッジで最後の授業をしました。

その日、日本から一人のお客さまが見えていました。「ほんの木」出版社の柴田敬三さんでした。その年の2月、東京で行ったカレッジの説明会にお出でになっていた柴田さんは、…大村さん自身が体験した「シュタイナー」を書いてください。それを是非、出版しましょう…と、おっしゃってくださいました。そして、わたしのシュタイナー体験の原点である、サクラメントのルドルフ・シュタイナー・カレッジを訪ねてくださったのです。

本物の出版人に出会うことができた!…それまで、本を出版する話はいくつかありましたが、「わたしのシュタイナー体験」を書いて欲しい、と言われたことはありませんでした。もし、わたしが人に伝えられことがあるなら、それは「わたしのシュタイナー体験」だけ…そう考えていました。わたしは人智学の解説を書くことはできませんでした。

わたしが感じ、わたしが考え、そして、感じ考えたことをもとにして、わたしが行ったことだけ…それだけが、わたしが伝えられること…それを書いて欲しい、と柴田さんはおっしゃるのです。日本に帰ってから、仕事の目標がますます明らかになりました。

1998年夏、わたしは「ひびきの村」に、日本に帰って来ました。その年、はじめてのサマー・プログラムを行いました。さまざまな行事、ワークショップ、講演を行いました。

1999年3月、「わたしの話を聞いてくれますか」が出版されました。

1999年4月、「シュタイナーいずみの土曜学校」がはじめられました。

1999年6月「シュタイナー教育に学ぶ通信講座」第1期がはじめられました。全国で講演をはじめました。

1999年10月「シュタイナーいずみの学校・全日制」がはじめられました。わたしは4年生が一人、6年生が一人の合同クラスの担任となりました。

2000年4月「シュタイナーいずみの学校」に3人の子どもたちが転入学しました。生徒が5人になりました。

2000年9月　「自然と芸術と人智学を学ぶ」大人のためのプログラムがはじめられました。

2001年4月「シュタイナーいずみの学校」の学校には、1、2年生、3、4年生、5、6年生、7、8年生が一緒の合同クラス、4クラスができました。子どもは28人になりました。

2001年11月　「シュタイナーいずみの学校」はフリースクールとなりました。どんな子どもの教育も行うことを決めたのです。

2002年1月　手狭になった校舎を引き払い、みんなの手で約72坪の仮校舎を建てました。「シ

今月のトピックス

ユタイナーいずみの学校」の先生は担任、担任アシスタント、各教科合わせて24人、事務局職員2人となりました。

「シュタイナーいずみの学校」の卒業式

2002年3月10日、…NPO法人「ひびきの村」フリースクール・シュタイナーいずみの学校・低学年部…の卒業式が行われました。卒業生は奥田岳史くん、林田光正くん、森下優翔《ゆうか》ちゃんの3人です。

笑顔で談笑していた人の姿が消え、廊下には3人の卒業生とわたしだけが残されました。窓から見える東山の上には、雲の合間から青い空がのぞいています。みんなで何となく顔を見合わせ、にっこり笑い合いました。式場から音楽が流れてきました。リコーダー・アンサンブルが奏《かな》でる「ポンプ・アンド・サーカムスタンス」というルネサンスの曲です。8年生の最後のメインレッスンが「世界史・ルネサンス」だったと知った、ピーター先生が選んでくれました。

…さあ、入りましょう…みんなの胸のブーケの位置をもう一度確かめて、わたしは3人を促しました。ドアを開けると、正面に飾られたトヨ先生の水彩画が目に入りました。今日は絹の布で美しく縁取りを施されています。そして、その左右には柔らかい色どりの花々が活けられていました。用意されたイスに腰をおろすと、見慣れた顔、顔、顔…その顔も微笑んでいます。

祥美《よしみ》先生が開会のことばを話します。そして、5、6、7年生の歌のプレゼント…「フリーダム・イズ・カミング」がはじまりました。ピーター先生がアメリカから運んできてくれた、底抜けに明るく、自由でのびのびとした空気が部屋いっぱいに広がって。

各教科の先生方が一人ずつ話をしました。

ときどき羽目をはずすこともあった農業の授業。ブックバインダー、ステンドグラスなど、美しい物をたくさん作った芸術表現の授業。8年生の3学期、週に4時間学んだ数学。みんなが心待ちにしていた体育の授業ではスキーとスノーボードをしました。声変わりの最中に在った岳史くんと光正くんにとって、苦痛だったコーラスの授業、美しい色を使って描いた数々の作品が生まれた水彩画の授業。思考の力を使って描いた線描画の授業では「光と陰」を学びました。手芸の授業では手をたくさん動かしました。オイリュトミーは新井圭子先生、ヘルガ・マイケルズ先生、そして、アンドレアス・ベズーフ先生の3人に学びました。英語はナンシー・レオポルド先生から、美しい発音を学びました。書道もしました。作品にはそれぞれの性格がそのまま表れていましたっけ！　心の琴線《きんせん》にふれる大切な話をたくさん聞いた宗教の授業。彫塑《ちょうそ》の授業では、粘土と格闘して身体のあちこちの部分を造りました。読書・作文の授業では、1週間に1冊のペースで本を読みました。

子どもも教師も、共に励み、一生懸命学んだ1年でした。

先生方のコーラスがはじまりました。ソプラノとアルトのメロディーが美しく重なる「アメイジング・グレイス」です。昨年の夏に交通事故で亡くなった板東由美子さんとお別れするときにも、歌った曲です

卒業生3人の学習発表がはじまります。

ルネサンスの音楽を2曲、リコーダーで奏《かな》でます。それぞれが誕生日に担任から贈られた「詩」を詠《よ》みます。心に残るメインレッスンを、自分で作ったメインレッスン・ブックを見せながら話します。岳史くんは「植物学」を、光正くんは「地理・ニカラグワ共和国」を、優翔ちゃんは「国語の伝記・祥美先生の半生」を…。

同じ教室で机を並べて勉強していても、子どもたちが受け取るものは、こんなにも違うのだという

今月のトピックス

ことを、改めて思い知りました。
彼らが心の底から思いを込めて歌った歌は、「What a Wonderful World」と「Imagine」でした。

「世界はなんてすばらしいんだ！」
緑の木々…ほら、赤いバラもあなたとわたしのために咲いているよ
こんなとき、わたしは心の底から思うんだ
「世界はなんてすばらしいんだ！」って
青い空、白い雲、祝福された輝かしい日、闇に沈む夜
こんなとき、わたしは心の底から思うんだ
「世界はなんてすばらしいんだ！」って

空に七色に輝く美しい虹が架《か》かっている
わたしの傍（かたわ）らを友だちが通り過ぎて行く
手を振り、「元気かね？」と声を掛けながら…
本当はね、「君を愛しているよ」って言っているんだよ

赤ん坊の泣き声が聞こえるかい？
彼らが成長してゆく姿を見ていたいものだ
あの子たちは、わたしなんかよりずっと
ずっとたくさんのことを学ぶだろうよ

そう、わたしは心の底から思うんだ
「世界はなんてすばらしいんだ！」って

「**想像してごらんよ！**」
ちょっと　想像してごらんよ！
やってみれば　たやすいことだと僕は思うよ
足もとには　地獄なんてなくて
頭の上には　真っ青な空がひろがっているだけだ…って
ちょっと　想像してごらんよ！
地球上で暮らすみんなが
今日をいっしょうけんめい生きている…って

ちょっと　想像してごらんよ！
国を分ける境（さかい）や
人を隔（へだ）てる宗教なんてないんだ…って
やってみれば　たやすいことだと僕は思うよ
そうしたら　国のために殺したり殺されたりすることもなくなるよ

ちょっと　想像してごらんよ！

今月のトピックス ＿＿＿＿＿＿＿＿＿＿＿＿＿＿＿＿

地球上でくらすみんなが
平和のうちに生きられる…って

こんなことを言うと　夢見ているだけだって　人は言うけど
でも、こんなふうに考えているのは　僕だけじゃないんだよ
いつか　あなたが　そして世界中の人が
僕たちの仲間になってくれるといいなあ
そしたら　世界はひとつになるじゃあないか！

ちょっと　想像してごらんよ！
だれも　自分だけの物を持っていない…って
もし　そうなったら
金持ちも　お腹をすかせる人もいなくなって
人は愛し合い　大切にし合って生きられるんだ

ちょっと　想像してごらんよ！
地球上でくらすみんなが
世界を分かち合うことができるんだ…って

こんなことを言うと　夢見ているだけだって　人は言うけど

でも、こんなふうに考えているのは　僕だけじゃないんだよ
いつか　あなたが　そして世界中の人が
僕たちの仲間になってくれるといいなあ
そしたら　世界はひとつになるじゃあないか！

彼らがこの歌を歌ったのは、ニューヨークで同時多発テロが起こり、アメリカがアフガニスタンに報復攻撃をはじめたときでした。わたしたちは、「地理」の授業で、アフガニスタン、パキスタン、イラク、イランについて学びました。イスラム文化を持つ国々がどのような歴史を経て、現在に至ったのか、イスラム文化を築いた人たちが何を感じ、何を考え、何をしてきたのか、そして今は…知らないことばかりでした。

子どもたちは学ぶことの大切さを、心に深く受け止めたようでした。それから、彼らが授業に臨む態度は明らかに変わったのです。

卒業生の父母が話します

「岳史にとって、これがはじめての卒業式です。こんな素晴らしい卒業式を迎えられる岳史は幸せな子です。岳史が学校へ行かなくなってから、わたしたち夫婦は、岳史に相応《ふさわ》しい学校がどこかにあるはずだ…そう思って、日本中を旅しました。なかなか「これだ」と思える学校に出会うことができず、本当に困ってしまいました。東京のシュタイナー学校にも行きましたが、どこにもここが「わたしたちの場所だ」と確信の持てる場所はありませんでした。

伊達に来たとき、わたしたちにとって、「ここは最後の場所」だったのです。祐子さんは岳史のた

めに、「シュタイナー学校を始めよう」と言われました。信じられませんでした。たった一人の子どものために、学校がはじめられるなんて！　そんなこと、あっていいのか？　とわたしは迷いました。

はじめて「いずみの学校」で勉強して家に帰ってきた日の、岳史の満足そうな顔を、忘れることができません。…ようやく、本当の勉強ができる…岳史の顔は、真に学ぶことの歓《よろこ》びで輝いていました。

この2年半、彼はここで多くのことを学び、自らの力で前へ進む力を確実につけました。これからもさらにつけてゆくことでしょう。こんなに素晴らしい卒業を迎えられたことを、本当に感謝しています」

「岳史が生まれた頃、祐子さんはもう、日本でシュタイナー学校を創るために、アメリカで学びはじめていらっしゃいました。岳史と祐子さんの出会いを思うと、いつも何とも言えない気持になります。

全日制がはじまった第一日目、心から待ち望んでいた学びに、岳史は大きな歓びを表していました。その姿を忘れることはできません。

岳史も茜《あかね》も、先生方を心から愛し、尊敬していました。二人だけで学んでいた日々を懐かしく思い出す日が、こんなに早く来るとは…そのとき、わたしは想像すらできませんでした。

今、友だちと一緒に卒業式を迎えることができた岳史の姿から、深い愛と、大きな力と、たくさんの支えとに、心から感謝していることが伝わってきます。本当にありがとうございました」

「光正は、自分の意志でここの学校へ来ることを決めました。悩み、迷った末の決断でした。彼は、長崎で通っていた学校では、先生を嫌っていました。徹底的に教師不信でした。…世の中で先生ほどイヤな者はない…と言っていました。…俺の人生に今後何があっても、先生だけには絶対にならない…そう、言い切っていました。

その光正が、今は…オレ、先生になろうかな。「いずみの学校」の体育の先生になろう…そう言うのです。…大好きな宏先生と、次郎先生を足して二で割ったような先生がいい…そう言っています。
ここに来るまで光正は、外で遊ぶこと、身体を動かすこと、釣りをすること…それだけが楽しみで生きていました。本を読む姿を見たことはありませんでしたし、机に向かうこともありませんでした。…宿題どうしてるの?…って聞くと、…友だちの写させてもらってる。心配なかばい…って笑っていました。その光正が、夜中の3時までかけてメインレッスン・ブックを仕上げていました。それも、1度や2度ではありません。

教育によって、こんなに子どもは変わるのですね。いろいろなことを乗り越えて、長崎から一家そろって移ってきて、本当に良かった、と思っています。わたしたちの選択は間違っていませんでした」

「昨年、5月…優翔《ゆうか》はわたしたちより一足遅れて、千歳空港に下り立ちました。長野のお友だちと、辛い別れをしてきたことを思わせるように、表情は暗く、目は赤く腫《は》れ上がり、まるで…北海道はこの世の終わり…と思っているかのように、肩をすぼませていました。わたしはかけることばもなく、「飛行機揺れなかった?」などと聞いていました。

これから本当にこの子は「いずみの学校」に通えるのだろうか?…身に着けている物は、シュタイナー学校に相応（ふさわ）しくない物ばかり…ロゴ入りの派手なTシャツ、キラキラ光る何本ものネックレス、骸骨《がいこつ》の絵が描いてある黒いジャケット、足下に目をやると真っ赤な皮のスニーカーが目立っていました。

あの日のあの子が、今日、「いずみの学校」で卒業式を迎え、4月からはハイスクールに行きます。この1年間、彼女は何を学び、何を考え、何をしてきたのでしょうか?

この1年間、わたしは彼女に何度も助けられました。彼女の行いに、人間の「精神」の強さを学び、そして、人間は本当に「個人」なのだということを強く感じました。

今月のトピックス ________________

優翔が14歳の年にシュタイナー教育に出会い、祐子先生に出会い、そして「ひびきの村」の人たちに出会えたことは奇跡だと、わたしは思っていました。でも、今はそう思っていません。この出会いは、優翔《ゆうか》自身が選んだことだったのです。

今年5月、優翔は北海道で2度目の誕生日を迎え、16歳になります。

…これからもたくさんのことを学び、いろいろな人と出会い、自分の力で、この世に生まれてきた使命を果たすために、もっともっと考えたいのだ…と、優翔は言っています。

どうぞ、これからも優翔を導き、見守ってください。1年間、大きな愛をそそいでくださり、本当にありがとうございました」

卒業生のことば

「道」　　奥田岳史

道がある
後ろを見ると
　ずっと後ろのほうに虹が見える
前を見ると　たくさんの人が
一生懸命道をつくってくれている
　今まで歩いて来た道は　そうして
みんなが一生懸命つくってくれた道だ
みんなのおかげで自分はあるいていける

ありがとう

「愛すること、務めを果たすこと、感謝すること」

林田光正

わたしはみんなを愛する
離れたって愛する
ずっとずっと愛する
わたしは自らの務めを果たす
勉強をする
宿題をする
掃除をする
遊びをする
わたしはすべての人、すべての物に感謝する
下級生に感謝する
先生方に感謝する
「ひびきの村」のスタッフの皆さんに感謝する
校舎に感謝する
家族に感謝する
祐子先生に感謝する

この「愛すること、務めを果たすこと、感謝すること」を、これから先、僕が生きるためのバロメ

今月のトピックス

ーターにすることに決めました。僕は、祐子先生の最後の生徒だったことを誇りに思います。

「祐子先生へ」

森下優翔

わたしが「いずみの学校」8年生に入学してから1年が経ちました。すごく長いようで、短かった1年間でした。

最初は女の子一人だけで、どうやってやっていけば良いのか分かりませんでした。不安で不安でたまりませんでした。長野に帰りたいと何度も思いました。そんなとき、わたしはいつも窓の外を眺《なが》めていました。授業も、公立の学校と全然違っていて、何を勉強しているのかさっぱり分かりませんでした。

でも、今は正反対です。学校がすごく楽しくて、毎日々々いろいろなことが勉強できました。

祐子先生のメインレッスンが特に楽しかったです。「ああ、そうだったのか!」と思うことが毎日でした。メインレッスン・ブックが増えてゆくのが嬉しかったです。

もう一つ、とても心に残っている授業は「宗教」の授業です。一つの話から、いろいろなことを考え、みんなで話し合い、たくさんのことを学びました。わたしはこの授業を通して、…誰かのために役立つことのできる人になれたらいいなあ…と思うようになりました。

祐子先生が教えてくれたたくさんのことは、決して忘れません。

1年間、本当にありがとうございました。

ノアが一つの島を見つけたように、わたしも一つの島を見つけたいと思います。

(旧約聖書の「ノアの箱船」を指しています筆者注)

わたしの人生の中で、宝石のように輝いている岳史くん、光正くん、優翔ちゃん…。

岳史くんは、生まれる前から決めていたことを、わたしに思い出させてくれました。日本に「シュタイナー学校」を創ること、そして、そのことを通して日本中の、世界中の子どもたちの幸せのために尽くすこと…。

光正くんは、…教師の生き方が、どれほど子どもたちの人生を左右するか…ということを目の当たりに示してくれました。彼の真っ直ぐな心、純真な心、けがれのない心はいつも、わたしを清め、癒《いや》し、慰めてくれました。そしてまた、彼の邪（よこしま）な気持を持たない態度は、町で出会う公立に通う子どもたちと打ち解け、友情を育む力にもなりました。彼は「いずみの学校」のスポークスマンでもあります。

優翔ちゃんは、…真に学ぶことが、どれほど子どもを勇気づけ、励まし、子どもに歓びと希望を与えるか…そして、それが生きる力となるか…ということを示してくれました。

彼女の真摯《しんし》に学ぶ姿に、…教育が持つ力…の大きいことを、わたしは改めて考えています。

こうして、子どもたちとわたしたちは、互いの存在から多くの大切なことを学び、人から、天からたくさんの祝福を受けて次の目標に向かって旅立ったのでした。

天にも地にも、そして、人の心の中にも、「精神」の力と、熱と、光が満ちあふれていました。

卒業証書

「卒業おめでとうございます。

今月のトピックス

この学校で学んだ
感謝すること
愛すること
務めを果たすことを
胸にきざみ
未来にむかって歩んでください」

「一人の思いが世界を変える…」

20年前、東京の郊外に男の子を持つ一人の母親が暮らしていました。男の子は元気で、人の意を介することなく、自由にのびのびと生きていました。母親は…その子の生命がいつでも輝いているように、その子がその子に相応《ふさわ》しい教育を受けられるように、そして、その子の天命が全うされるように…といつも願っていました。母親は懸命に、その男の子に相応しい教育を模索しました。そして、シュタイナー教育に出会いました。彼女はシュタイナー教育こそが、すべての子どもの成長を助ける力を持つ教育であることを確信しました。だれかが創ることを待つことを止め、その母親は自ら学び、シュタイナー学校を創ることを心に決めてアメリカに渡りました。

母親は懸命に学びました。彼女が心から愛する息子が学ぶためにはもう遅い、ということを知ってはいましたが、それでも「日本にシュタイナー学校を創る」という決心が揺《ゆ》らぐことはありませんでした。

その後、多くの師、友人、同僚に支えられて、彼女はシュタイナー学校の教師としての経験を積むことができました。又、彼女は日本で共に「シュタイナー学校を創る」仲間を育てることにも力を尽くしました。

そして時が熟し、日本に戻った彼女は日本にはじめての「人智学共同体」を創りました。母親はもう一人ではありませんでした。そして同じ志を持つ多くの人と共に働き、とうとう「シュタイナーいずみの学校」をはじめることができました。

そのとき、彼女の息子はもう31歳になっていました。彼女自身の子どものためには間に合いませんでしたが、ただ、ただ自分の息子の倖せを願っていた母親の目は遠くに向けられ、世界中の子どもたちの倖せを願い、そのために身も心も捧げる生き方を始めたのでした。

こうして、一人の平凡な母親であった彼女が、今、世界を変える仕事に立ち向かおうとしています。そして彼女の周りには、かつての彼女のように子どもの倖せを願う若い親たちが集い、目的に向かって共に働き、共に生きています。若い仲間に支えられ、背中を押されながら、彼女は今また、新たな道を切り拓《ひら》いて歩み始めたのでした。

けれど、今学校にはたくさんの子どもたちがやって来て、毎日、彼らが必要とする正しい教育を受けています。

その母親は子どもたちからたくさんの力と、勇気と、愛を与えられました。そして、これからは日本中の子どもたちが正しい教育を受けることができるように、そして、世界中の子どもたちが幸せになるために働こうと心を決めたのでした。

それは万感のこもった「別れ」であり、また新たな希望の「旅立ち」でもあります。

より良い社会をつくるために

「真のコスモポリタンになる」

「違い」にとらわれることなく、「違い」を認め、
「違い」を受け入れること。
それが「コスモポリタン」であることの意味です。
真のコスモポリタンを目指す、「いずみの学校」で
大村祐子先生が8年生の卒業式に話をした、
そのメッセージを皆様にお伝えします。

犬飼美智子さんの話

覚えていますか？

去年の秋のことでした。若い頃から敬愛している犬飼美智子さんの講演会が札幌で開かれ、わたしは久しぶりに犬飼さんの話を聞いてきました。

80歳を過ぎて、なおかくしゃくとしておられる犬飼さんが話されたことは、実に衝撃的なことでした。「世界中の子どもが飢えることがなく、必要な教育を受け、成長し、自立して生きていくことができるようになるために、わたしたちは惜《お》しみのない援助をしなければなりません。

その国へ行って手助けしようと思ったら、その国の言葉をまずマスターしてください。助けを必要としている人たちを支えようとするとき、その人たちが話していることばを理解することができなかったら、わたしたちは彼らの力になることができません。

怪我《けが》をして治療を必要としているのか？　発熱して苦しいのか？　お腹がすいているのか？　水を飲みたいのか？　衣服を必要としているのか？…彼らが必要としていることを理解せずに、あなたは彼ら

を助けることができますか？　できませんね！

以前わたしは、「ボランティアとして働きたい」という日本人の学生たちを、コンゴの難民キャンプに連れていったことがありました。呆《あき》れたことに、彼らは現地の人たちのことばが話せないばかりか、英語もろくに理解できなかったのです。わたしはすっかり彼らの通訳にさせられてしまい、肝心《かんじん》な仕事ができませんでした。そんなことは、とんでもないことです！

英語ができるのはあたりまえ！　母国語と同じように英語を使うことができなければ、外国へ行って仕事なんてできませんよ。英語は、母国語と同じくらいに自由に使えなくてはだめです。国際的な仕事をしようとするなら、それ以外に、3カ国語を使えるようにしてください。さらに援助に行く国の言葉をマスターするのは当然のことです！

日本はアイヌや琉球などの人たちを除くと、ほとんど単一民族と言えます。これは、世界が国際化しつつある情勢の中で、非情に不利益なことです。その上、日本人、特に役人にはいまだに島国根性を持っている人が多くて、他国の人を容易に受け入れようとしません。生命を賭《か》けて国を脱出してきた難民を、冷たく追い返すようなことを平気でします。先進国と呼ばれている国の中で、日本がいちばん少ないんですよ、難民を受け入れている数が…。

情けないことです！　単一民族のわたしたちは大きなハンディキャップを背負っています。自分たちと同じ顔をし、同じことばを話している人たちだけと暮らしているなんて、ある意味において、わたしたちは国際的なハンディキャップ者です。

日本が戦争に巻き込まれなければいい、日本が平和ならいい、日本が繁栄すればいい…そんなことはとんでもないことです！　ふだんから、自分の安全だけ、自分と恋人の幸せだけ、自分と家族の平安だけを望んでいるから…だからそんな狭い考えしか持てないのですよ。

もっと心を開き、目を開き、耳をそばだててください。そして、いつも、世界で起きていることに関心を持ちつづけてください。

今、世界のだれもが孤立して生きてゆくことはできないのです。アフリカで他民族どうしが争い、対立し、南米で暴動が起き、コソボで殺戮《さつりく》が行われ…地球上で起きていることは、すぐさま、世界中の人々の暮らしに影響を与えます。もし、あなたがそれを実感していないのなら、よほど鈍感なのです。

外国語をマスターしてください。母国語と英語の他に3カ国語です。いいですね！　英語ができるのはあたりまえなんですよ！

そうして、世界のどこにでも、必要とされる所に出ていくのです。世界には、あなた方を必要としている人が大勢います。コスモポリタンになってください。そして、自分のこと、自分の国のことだけを考えるのではなく、世界のことを考え、世界のあらゆる人と手を携《たずさ》えて生きていってください。

是非、そうしてください！」

犬飼さんのメッセージは強烈でした。若い人たちに、世界平和を実現するのために、国境を越えて働いて欲しい、コスモポリタンになって欲しい、と心の底から訴えておられました。

犬飼さんは若い頃から一人で外国で暮らし、困難の中で喘《あえ》ぐ人々を助けていらした方です。彼女が書いた「乾いた大地」を読んだときのことを、わたしは忘れることができません。それはわたしが20歳の頃でしたが…。

女の人でも、こんなことができるんだ！　日本の女の人が世界に出ていって、こんなに活躍しているんだ！…それはわたしにとって大変な衝撃であり、刺激となりました。勉強して、力をつけて、必ず「世界平和の実現のために、働こう！」…わたしはそう決心しました。

大天使ミカエルのはたらき

さて、今日は犬飼さんが話しておられた…「コスモポリタン」になる…ことについて話をします。

「シュタイナーいずみの学校」では、毎年秋になると、「ミカエルの祭」をしますね。ミカエルは今という時代に生きるわたしたちを導き、守っている大天使です。皆さんは、ミカエルについては「ミカエル祭」に話を聞いたし、劇も見たので知っていますでしょう?

これはルドルフ・シュタイナーが話していることなのですが、時代を守る大天使は、4人いて、それぞれが持っている力と役割が異なり、彼らは交代しながら約800年ずつ仕事をすると聞きました。なぜなら、人類の進化の過程の中で、時代によって、人類が果たさなければならない課題が異なるからです。今、わたしたちを守っている大天使ミカエルは、1878年から仕事をはじめましたが、その前にも働いたことがありました。それは、紀元前300年頃のことでした。

覚えているでしょうか? あなた方は、「世界の歴史」の授業で、アレキサンダー大王のことを学びましたね。アレキサンダー大王が生きていたあの時代が、ミカエルの時代だったのですよ。

アレキサンダー大王が成し遂げたことは、まさしく大天使ミカエルに導かれ、支えられたことによって可能になりました。アレキサンダーが成し遂げたこと…それは、「コスモポリタン」となる…ということでした。

思い出してください。アレキサンダーは、ギリシャの東方のマケドニアという小さな国の王子として生まれました。実は、彼はペルシャの王の王子でしたが、訳があって母親であるペルシャ王妃は離縁され、生家に戻ったのでしたね。そして、アレキサンダーはマケドニアで育てられたのでした。

父親は…育ての親、実はアレキサンダーのおじいさんなのですが…アレキサンダーに立派な王になってもらいたいと願い、幼い頃から、たくさんのことを学ばせました。その道の立派な学者たちを招いて、哲学、歴史、地理、文学、天文学などを学ばせたのです。

あのギリシャの偉大な哲学者、アリストテレスも彼の先生だったと知ったとき、みんなとても驚いていましたねえ。

こうして、広い世界観を持ち、世界のさまざまなこと、そして、人間と世界の関わりについて深く洞察していた、多くの学者たちから学んだアレキサンダーは、小さな自分の国に留まっているだけでは満足できなくなりました。そして次第に、外の世界を見たい、もっともっといろいろなことを知りたい、違う体験をしたいと切望するようになりました。彼の内に生まれたその強い願望が、やがて彼を広い世界へと誘ったのでした。

アレキサンダーは20歳で王位を継《つ》ぎました。そして、22歳になったとき、軍隊を率いて、その頃インダス河から小アジアにまで及ぶ、広大な領地を自分のものとしていたペルシャ帝国に向かいましたね。そして、賢い彼は、巧みな策略を使ってまんまとペルシャを征服したのでした。

アレキサンダーはさらにインドへと向かいました。アフガニスタンの地理と歴史を学んだとき、アフガニスタンとパキスタンの国境にあるカイバル峠は、その昔、アレキサンダー大王も大軍を率いて通った所だと知ったとき、わたしたちは彼がそんな遠くにまで行っていたのか、と本当に驚きましたね。

それは紀元前３２８年のことでした。今から２３００年以上も前のことです。乗り物は馬とらくだと象…来る日も来る日も続く砂漠、山、高原…彼らはそれをどのようにして越えていったのでしょうか?

アレキサンダーの飽《あ》くなき好奇心、探求心は…見たことのない風景を見てみたい、訪れたことのない土地を訪れたい、会ったことのない人に会ってみたい、食べたことのない物を口にしてみたい…と彼に思わせたのでしょうね。そしてその強い好奇心と探求心が、困難にも不便な生活にも、苦痛にも耐えさせて、彼を遠いインドまで遠征させたのでしょう!

そのとき彼が旅した距離は一万八千キロ、そのために、彼は実に8年の年月を費やしたのでした。

けれど、皆さんも知っているように、残念なことに彼は志半ばで病に倒れ、33歳の若さで死んでいったのでした。

「この地には果てがあるのか、ないのか?」と問いつづけ、そして旅をつづけたアレキサンダー。彼こそは、世界史上初の「コスモポリタン」と呼べるでしょう。

今わたしたちの視点から見たら、アレキサンダーが彼の願望を遂げるために、他の国を侵略したことは認め難いことと言えましょう。けれど、時代によって人々の意識は異なるのです。2300年前に生きていた人々にとって…戦っては国を失い、また勝っては奪い返すということ、つまり、侵略したり、されたりという意識はなかったと考えられます。なぜなら当時多くの人々のうちには、ほとんど自我の意識がなかったからです。

ですから、そんな時代に在って、彼が成し遂げたことは、全人類にとって実に大きな意味があったと言えるのでしょうね。

彼は実に魅力的な王です。2300年経った今なお、多くの人に慕われ、愛されています。わたしたちは、なぜ、これほどまでにアレキサンダーに惹《ひ》かれるのでしょうか?

わたしはこう考えるのですよ。…彼は、未知の世界に足を踏み入れることを決して恐れなかった…そのことにわたしたちは感動し、惹《ひ》きつけられるのだ、と…。わたしは未知の世界に恐れ感じます。あなたはどうですか?

知らないこと、使ったことのない道具、出会ったことのない動物、見たことのない物、味わったことのない食べ物、想像したこともない風景、聞いたことのない考え、見ず知らずの人…本当に怖いですものねえ…。

けれど、また、人間は恐れを抱きながらなお、未知のものに憧《あこが》れるということも事実なのです。

怖いけれど見てみたい、恐ろしいけど会ってみたい、不気味だけれど行ってみたい、気味が悪いけれど食べてみたい…そう思って、みなさんも未知のものに挑戦したことが、きっと一度や二度はあることでしょう。

わたしたちがアレキサンダーに惹《ひ》かれるのは、彼が、誰でも持っている未知の世界に対して恐れる心を克服したためではないでしょうか?

興味はあるけれど、恐ろしくて…と尻込みして、未知の世界と遭遇《そうぐう》することのできる機会をみすみす逃してしまうことが多いわたしたち…けれど、アレキサンダーは違いました。

2300年もの昔、彼は大変な勇気をもって、遠い見知らぬ国へ出掛けて行ったのです。あの時代に旅をするということは大変危険なことでした。ましてや戦（いくさ）をしながら進まなければならないのです。

彼もきっと覚悟をしていたことでしょう。生まれ故郷に、二度と帰っては来られないかもしれない…そんな予感もあったに違いありません。それでも、それほどの危険を冒《おか》してまでも、彼は未知の国へ行ってみたかったのですね！

そして、恐れていたとおり、彼は祖国へ帰る途中で病に倒れ、亡くなったのでした。あんなに会いたいと願っていた母親に見（まみ）えることなく…。

彼が成し遂げたことの意味を考えるとき、もう一つ、大切なことがあるということにわたしたちは気づきます。それは、地中海に面した小さな国マケドニアから、エジプト、シリア、メディア、ペルシャ、ソグディアナ、アフガニスタン、インド、ケルマーン…と、アレキサンダーが遠征したことによって、地中海文明が遠く中近東とアジアにまで運ばれた、ということです。

そして、アレキサンダー自身はついに帰ることができませんでしたが、中近東とアジアの文化もまた、地中海沿岸に持ち帰られたのでした。

このことによってはじめて、地球上で文化と文明の大規模な交流が行われました。その頃の人々の生活の範囲は実に狭いものでした。市民や貴族でさえ、自分の領土から出るということはめったにありませんでした。いわんや農民や奴隷は勿論のことです。当時は、生まれた場所を一度も離れることなく、一生を過ごす人が大半だったのですよ。

そんな時代に在って、いかに王とはいえ、8年間を費やす遠征がどれほど偉大なことであったか…皆さんにも想像がつくことでしょう。

勇気と冒険心と好奇心に満ちた若き王によって、人々は見知らぬ国の人々の暮らしぶりを知り、見知らぬ人々が使う道具を手にし、見知らぬ人々が描いた絵、彫った像、作った工芸品や日用品に親しむ機会を持つことができたのでした。

こうして、アレキサンダーは東と西の文化の交流を可能にしました。繰り返しますが、それは世界の歴史上はじめてのことだったのですよ。

そのとき、アレキサンダーの大遠征を助け、守っていたのは大天使ミカエルだったと、ルドルフ・シュタイナーは言っています。ミカエルは、その時代を守る大天使としてその役目を見事に果たしたのですね。

アレキサンダーの志…それは、自分が生まれた小さな国の安定だけを願い、それをを守って一生を終えることではありませんでした。そうではなく、危険を冒《おか》しながらなお遠くへ出掛けて行き、世界に対する視野を大きく広げること…でした。アレキサンダーが成し遂げたことによって、人々はそれまで想像すらしたことのなかった他国の文化に触れ、その文化を取り入れることによって、彩（いろど）りに富み、変化の多い、より豊かな文化を築きあげることができたのでした。

アレキサンダー大王は、いわば歴史上はじめて登場した「コスモポリタン」だったのです。

全人類の進化にとって、アレキサンダーが果たした役割は実に大きなものだったのですね。

そして、それから2300年が経ち、人類は今また大天使ミカエルに導かれる時代を過ごしています。

このことが何を示しているのか…皆さんにはもうお分かりですね。そう、わたしたち人類は今、「コスモポリタン」になることを課されているのですよ。それが、今という時代を生きるわたしたち全人類が果たさなければならない課題なのです。

大天使ミカエルに導かれて、わたしたちは「コスモポリタン」になることを目指して生きてゆかなければなりません。

「コスモポリタン」とは

さて、では「コスモポリタン」とは、いったいどんな人のことを言うのでしょうか？

「コスモポリタン」は英語ですね。日本語で、それは普通、「国際人」と訳されます。けれど、辞書を牽（ひ）くと、…コスモポリタンとは、「世界と人類を一つにみなす世界主義者」「狭い考えにとらわれない人」「世界的、国際的な人」「国民感情を超越した世界主義の人」と書かれています。

今、世界には独立国が187カ国あると言われています。（この地球上には、まだわたしたちが知らないところで暮らしている人々がいるかもしれません。ですから、これ以上の国が存在する可能性がないともかぎりませんね）

…この地球上で暮らすすべての人々が国境を越えて「コスモポリタン」として生きる…それが、今わたしたちが果たさなければならない課題なのです。

「コスモポリタン」になるために

さて、わたしたちはどのようにして、「コスモポリタン」になることができるのでしょうか？

「人類の歴史は戦いの歴史である」と言う人がいるほど、人類は飽きもせず戦いを繰り返してきました。あなた方もこれまで「世界の歴史」を学んできて、そう感じたことがあったでしょうか？

世界中のあらゆるところで部族が、国が、民族が、…領主が、貴族が…、そして教会が、寺院が、神社が…争い、戦ってきました。

アフガニスタンと中近東の歴史と地理を学んだときにも、これまでアフガニスタンが、実に多くの戦争に巻き込まれてきたこと、そして、自らも戦ってきたこと…を、わたしたちは知りましたね。

授業のはじめに、わたしたちは図書館からたくさんの本を借り、アフガニスタン、パキスタン、イラク、イランの国土や人々の様子を写した写真をたくさん見ましたね。あなた方は本当に注意深く見、大切なことに気がつきました。

・気候が厳しいところらしい
・人々は信仰心が強いように見える
・生活するのが大変
・緑が少ない

そして、何よりもあなた方を驚かせたのは、銃を手にした人々のことでした。「国を紹介する本に、人が銃を持っている写真を載《の》せるなんて…」と、言っていたのは優翔《ゆうか》ちゃんでしたか？

そのことの意味を、わたしたちは考え、話し合いました。そして学ぶうちに、…パキスタンは近隣の国々への通り道になっていること、そして軍事的経済的な理由で、港を持ちたいと考える国々によって攻撃され、度々占領された…ということを知りました。パキスタンの人々は自分の国を守るために、常に銃を手にして戦わなければならなかったのです。

こうして「世界の歴史」を学ぶにつけ、…自分の領土や国の都合に合わせて、他の領土や他国を欲しいままにする…自分の領土や国が豊かになるためには、他の領土や他国の人々に苦しい思いをさせ、悲しい目に遭《あ》わせることを平気でする…そういうことが世界中で行われてきたということを、わたしたちは知りました。

また、人々は考えの違いを主張しあい、互いに自分の生き方を正当化しようとし、自分のやり方に従わせようとしては対立し、諍（いさか）いをつづけてきました。奪おうとする者とそれを阻止《そし》しようとする者、虐《しいた》げようとする者とそうされまいとする者、押しつけようとする者と拒否する者…の間で繰《く》り返される争いのなんと多かったことか！

それは、人類がこの地球上に暮らすようになってから、止むこともなく延延《えんえん》とつづけられてきました。こうして、人は争い、戦いながら生きてきたのです。

勿論、人はいつもいつも戦っていたわけではありません。愛し合い、敬（うやま）い合い、助け合って生きているときも多くありました。人類が争わず、戦わずに生きていた時代もありました。

もっとも、今人々が大規模な戦争をしない理由は、一度（ひとたび）核兵器を使ったら、一瞬にして地球は滅《ほろ》びてしまうということを知っているから…かもしれません。

人が争うとき

さて、人はどんなときに争うのでしょうか？　あなた方も家族や友だちと喧嘩《けんか》をすることがありますね。それはどんなときですか？　どんなことが原因なのですか？

利害が対立するとき、つまり、…わたしが得をすると、あなたが損をする…という関係が生まれるとき、人は争いますね。それから、考えが異なるとき、誇りを傷つけ合ったとき、押しつけ合ったとき、互いに譲《ゆず》らないとき、非難し合うとき、蔑（さげす）み合うとき…きっと、争う種はまだまだあることでしょう。

こんなふうにわたしたち自身を省（かえり）みると、国と国の間で起こる争いは実はわたしたち自身がしていることと同じだということに気づきます。

友だちと喧嘩《けんか》をしたとき、あなたとその友だちの関係はどうなりますか？…話をしない、顔をそむける、相手を悪く言う、憎む、恨《うら》む、除《の》け者にする、邪険《じゃけん》にする…？

こういうことは国のレベルでも、世界中で今、同じことが起きているように思えます。

ここまで考えてきて、はっきりしたことがあったでしょうか？　そうですね。わたしたちが対立し、争うときは、…互いに自分を主張して譲《ゆず》らないとき…、ですね。それは、物質的なことの場合もありますし、心のこと、精神的なことが原因で起こされることもあります。

では、人が互いに譲《ゆず》れないときとは、どういう場合でしょう？　一緒に考えてください。

わたしの場合は…相手をよく理解することができないときや理解していないとき…わたしは自分の考えを強く主張します。相手を理解しようとしないときや理解したくないとき…そんなとき、わたしは自分の考えを言い募（つの）ります。

わたしが相手を理解することができない、理解していない、理解しようとしない、そして理解したくない…のは、どうしてでしょう？

それは、相手が持っているわたしとは違うもの、相手が押しつけてくるわたしとは違う感情、相手が主張しているわたしとは違う考え…それを認めたくないからです。

つまり、わたしたちが対立する、争う、諍（いさか）いをする、いがみ合う、衝突する、揉（も）める…とき、相手とわたしの間になにかしらの違いがあり、互いにそれを認めることができない…そういうときなのではないでしょうか？

自分だけが正しい、自分だけが立派、自分だけが美しい、自分だけが知っている、自分だけが誠実である…と考えることによって、自分とは異なる他者を受け入れようとしない、認めようとしないことが、さまざまな争いを引き起こすのですね。

こうして、個人に端（たん）を発した争いが、親兄弟姉妹に及び、、家どうしの争いにまで広がることがあります。会社の同僚が犯した間違いを隠そうとすると、「雪印」の例のようなことが起こります。異なる宗教、教会が互いに非難し合うと宗教戦争がはじまります。こうして小さな争いや諍《いさか》いが村、町、部族、民族、国…と広がってゆくとき、ついには大きな戦争になるのですね。

すべての争いは「違い」を認めない、「違い」を受け入れない、「違い」を非難する…ことからはじまるということに、あなたは気がつきましたか?

はじめに戻って考えてみましょうか?

「コスモポリタン」とは、「狭い考えに囚《とら》われない人」、「国民感情を超えた人」とありました。それはことばを換《か》えると、…「違い」を認めないという狭い考えに囚《とら》われない人、そして、自分だけが、或いは自分の国だけが良くなりたい、良くなろうとする国民感情を超えたひと…と言うことができますね。

そうです。「コスモポリタン」とは、「違い」にとらわれることなく「違い」を認め、「違い」を受け入れる人なのです。そして、自分だけが良くなることを願うのではなく、自分と同時に、世界中の人が共に良くなることをめざして努力する人なのですね。

今、日本で起きていること

北海道選出の衆議院議員、鈴木宗男さんの言動が国会で問題になっていることは、皆さんもテレビのニュースや新聞を見聞きして知っていることでしょう。

鈴木さんは自由民主党の党員として衆議院議員選挙に立候補し、当選した方です。自分の出身地の選挙区に暮らす、彼の支持者に仕事をまわすように取り計らい、そのために、外務省や国土交通省に圧力をかけたと言われています。それを証明するさまざまな文書も出てきました。

鈴木さんはなぜ、そんなことをしたのでしょうか?　彼が自分の選挙区の人たちの便宜《べんぎ》を図るには、なにか理由があるはずです。

そうですね、選挙区の人たちに恩を売ることによって、自分に投票することを目的としたのですね。便宜を図ればありがたく思って、自分のために選挙活動をしてくれると考えたからなのですね。仕事をまわせば、自分に献金してくれると期待したからなのですね。

彼のしたことはすべてが自分のためです。自分の富、自分の地位、自分の権威を守りたいがためにしたことです。

鈴木さんの言動が問題になり、そのために国会の予算審議が滞《とどこお》ってしまいました。そして、この問題に真摯《しんし》に取り組む姿勢を見せない小泉首相の支持率も下がる一方です。

鈴木宗男さんは「自民党から離党する」と、一昨日表明しました。…自民党に迷惑を掛けた…という理由で…。会見の席上で、選挙区の支持者に迷惑をかけた、家族に心配させた…と、彼は涙を流しておられました。

彼の念頭にあったのは、自分、家族、選挙区の人、自民党…それだけのようです。日本国民に、そして、日本が北方領土の返還を求めている相手国ロシアにかけた迷惑について、彼はとうとう最後まで一言も話されませんでした。

鈴木宗男さんが、いかに「コスモポリタン」とかけ離れた在り方をしているか…皆さんの目にも明らかでしょう。

自分のことだけしか考えていない人が、政治家になっているのです。実に信じがたいことですが、彼を国会に送ったのは、わたしたち国民なのですよ。

「コスモポリタン」をめざす

わたしはあなたがたに、真の「コスモポリタン」になって欲しいと願っています。自分のことだけ、自分の家族のことだけ、自分の友だちだけ、学校だけを大切にする…そんな狭い生き方をして欲しくありません。

自分と他者の間にある「違い」を認め、受け入れることができる…そんな生き方をしてください。そのために、ときには自分を犠牲にしなければならないときがあります。いえ、自分だけではありません。家族にも、友だちにもまた愛する人にも犠牲を強いることになることもあります。それは皆さんが想像している以上に辛く、また難しいことでしょう。

わたしも「コスモポリタン」になりたいと、願って生きてきました。そうできるときもありますが、できないときもあります。いえ、正直に言うと、残念ながらできないことの方が多いのです。

「違い」を認めることは難しいことです。それ以上に、「違い」を受け入れることはもっともっと困難なことです。わたしはいつでも「自分が正しい」、と考える傾向があります。

なんとか克服したいと思います。

わたしが心から敬愛するマザー・テレサは、18歳のときに生まれ故郷のハンガリーから、はるばる遠いインドへやってきました。そして、87歳で亡くなるまでインドの貧しい人々のために働きつづけました。国境も、文化も、宗教も超えて…。

ブラジルの貧民街で、シュタイナーの共同体をはじめたウテ・クレーマーさんもそうです。彼女も故郷のドイツから、ブラジルへ渡りました。気候も、暮らしも、ことばもまったく異なる南半球の国へ…。

けれど、誤解しないでください。外国へ行って仕事をすることだけが「コスモポリタン」になる道ではありません。日本で暮らしても、伊達から出ることがなくとも、わたしたちは「コスモポリタン」として生きることができるのです。

そう、「違い」を認め、「違い」を受け入れ、「違い」を尊ぶ生き方…、自分だけ、自分のまわりの人だけが良くなればいい、という考えを捨てるとき、わたしたちは「コスモポリタン」になることができるのです。

フリースクールになった「いずみの学校」

皆さんは、わたしたちがこの「シュタイナーいずみの学校」を、なぜ、「フリー・スクール」としたか…その理由を知っていますね。

「シュタイナーいずみの学校」をフリースクールにすると決めたのは、…狭い考えを捨てて、たくさんの子どもたちをこの学校に受け入れたい…と、願ったからなのです。

「シュタイナー教育を受けさせたい、と固く決めた親御さんの子どもだけ」とか、「シュタイナー教育をよく理解している人の子どもだけ」とか、「ルドルフ・シュタイナーの思想を深く理解していることが、父母としての条件」…などという、狭い考えを捨てて、シュタイナーを知らない親御さんの子どもでも、どんな子どもも、すべての子どもを受け入れよう、と決めたからなのです。

大きな決断でした。理解している人、分かっている人、知っている人、同じ志を持っている人…そういう人と共に生き、働くことは気持ちの良いことです。とても楽です。

けれど、あなたがたのお父さん、お母さん、先生方、事務局で働く人…この学校に関わる人が、みんなで考え、悩んだ末に決めました。

考えてみてください。世界には50か国以上に、800を越える「シュタイナー学校」があります。民族も、国も、文化も、ことばも、宗教も超えて、世界中の「シュタイナー学校」では、ルドルフ・シュタイナーの思想を基にした教育が行われています。「シュタイナー学校」こそが、真の「コスモポリタン」です。そして、「シュタイナー学校」で学ぶ皆さんは、真の「コスモポリタン」となるべく、相応《ふさわ》しい教育を受けているのです。

勿論、「いずみの学校」で、日本の行事を大切にしているように、世界中の「シュタイナー学校」では、その国の文化を大切にしているのですよ。

担任を辞める

わたしは今日かぎり、あなたがたの担任を退《しりぞ》きます。そう、決めました。

わたしのはじめての生徒であった岳史《たけし》くんは、わたしに「シュタイナー学校」をはじめることを促してくれました。岳史くんとの出会いは、わたしにとって特別な意味を持っていました。

ですから、岳史くんが高等部を卒業するまで、彼の担任をつづけることがわたしの務めであり、当然のことだとわたしは考えていました。光正くんと優《ゆう》翔《か》ちゃんが加わって、ますます担任をつづけるというわたしの意志は揺《ゆ》るぎないものになりました。「担任をしない」ということは、考えたこともありませんでした。

　ある日、次郎が言いました。

「それは、あなたの欲じゃない？　岳史くんたちはもうティーンエイジャーなんだよ。固い大きな岩にぶつかって、それを乗り越えることを経験しなければならない年齢なんだよ。

　あなたは彼らのことを心から愛し、そしてよく理解しているね。彼らもあなたのことを分かっているし、あなたを心から尊敬している。だから、あなたと彼らの間には、それほど大きな「違い」はないでしょう？

　あなたはこれから彼らが歩いて行く道を防ぐ大きな「岩」にはなれないんだ。小さな石ころくらいにはなれるかもしれないけど…。

　彼らはまだ出会ったことのない、よく知らない、よく分からない先生とやり合わなくちゃならないんだよ。「違い」を持っている先生とやり合って、お互いの「違い」に怒り、苦しみ、悲しみ…そして、それを乗り越えて、「違い」を認めることができた歓びを経験する必要があるんだよ。

　彼らはあなたとはそうはできない。

　あなただったら、本当に素晴らしい授業ができるでしょう。彼らは、あなたからたくさん必要なことを学ぶことができるでしょう。それは分かるよ。

　でも、それだけじゃあだめなんだ。彼らは見たこともないほど大きな「岩」に出会わなくちゃならないんだよ。手放すのは残念でしょう。でも、断念したらいいと思うよ」

　次郎はいつでも人生の節目に、大事なことをわたしに告げてくれます。

ルネサンスを学ぶ意味

　あなた方と最後に学んだのは、「世界史・ルネサンス期」でしたね。

　中世期に、人は教会と領主から抑圧《よくあつ》を受けていました。生活のこまごましたことを「神の掟《おきて》」によって縛《しば》られていました。犯した「罪」を償《つぐな》うために、教会から「免罪符《めんざいふ》」を買うように強制されました。

　領主には、「税金」と「労役」によって拘束《こうそく》されていました。生きるためにぎりぎりの物を持つことだけが許されていました。

そんな時代がつづいた後、人々は「自由」を求めるようになりました。そして「自立」したいと考えました。自然科学を学び、天文学を学び、文学を学び、法律を学び、医学までも学ぶようになりました。

人々は「人間と自然と海と宇宙」のことを知るようになりました。そのことによって、彼らの視線は外へ外へと向かい、世界は大きく広がっていったのです。

メインレッスンのはじめに、わたしたちはルネサンス期の人々が描いた絵をたくさん見ました。中世の絵と比べると、その違いが驚くほどよく見えましたね。

・中世の絵はほとんどが宗教画である
ルネサンスの絵にはいろいろなものが描かれている
・中世の絵は暗い
ルネサンスの絵は美しい色がたくさん使われている
・中世の絵はとても平面的である
ルネサンスの絵は立体的である
・中世の絵に描かれている人には表情がない
ルネサンスの絵の中の人は表情が豊かである

あなた方はこういうことに気づいたのでしたね。

そして、さらに注意深く見ているうちに、重大なことを発見しました。

「ルネサンスの絵の中の風景は、遠くのものが小さく描かれている！」

わたしたちは外に飛び出しました。そして、学校の前の通りに立ち、遠くを見たのでしたね。

ルネサンスの絵の中に描かれているように、遠くのものが小さく見えました。手前にあるものは大きく見え、それがだんだん小さくなって…そして、最後には一つの点になることに気づいたのです。

わたしたちは同じものを、場所を変えて見ることにしました。すると、立つ場所によって、消える一点が異なる、ということを発見しました。

…立つ場所によって、見える世界が違う…

ルネサンスの人々はそのことを発見したのです！

それは、実に大きな発見だったに違いありません。

そしてまた、中世の絵はほとんどが平面的に描かれた宗教画であるのに、ルネサンスの絵にはさまざまなものが描れ、絵の中の風景は、近くのものは大きく、遠くのものは小さく、道は遠くに行けばゆくほど、だんだん細く描かれているということにあなたがたは気づいたのでしたね。

こうして、あなたがたは…わたしが立つ位置と、あなたが立つ位置が違えば、わたしとあなたの目に映る風景は異なる…ということを体験し、発見したのです。

そうです！　それが、わたしたちの間に在る「違い」を生み出すのです！　「立つ位置が違う」ことによって、わたしたちの内にさまざまな「違い」が生まれるのです。

それは世界の歴史の中で、ルネサンス期に生きた人々が発見したことでした。そして同時に、人生のルネサンス期に在るあなた方自身が発見したことでもありました。

「立つ位置が違うと、見える世界が異なる」

どうぞ、そのことを忘れないでください。そして、あなたと友だちとの間に「違い」が生まれたときは、それを思い出してください。そして、その「違い」を認め合い、受け入れることができるように努力してください。

最後に、それを可能にする大切なことを話しましょう。

それはまず、…あなた自身が立つ位置を確保すること、そしてその位置をしっかり知ること、確かめること…です。目をあげて、そこから見える世界をしっかり見るのです。

あなたが立つ場所を大切にしてください。そうすれば、友だちが立つ場所をも大切にすることができるでしょう。自分の場所を大切にするように…。

…立つ位置によって世界が違って見える…ということを知っているあなたがたは、その「違い」を認めることができるはずです。「違い」を受け入れ、「違い」を大切にできるに違いありません。

そう、そうしたあなたがたは、全人類の課題である「コスモポリタン」になることができるのです。自分と自分の周囲の人だけが良くなればよい、という考えを捨てて、世界中のすべての人と共に良くなることを願い、努力すること。

自分の立つ場所をしっかり決め、世界をみること。違う場所に立つ人の目に映る世界は、自分の見えている世界とは異なるということを理解すること。

その「違い」を認め、受け入れるように努力すること。そのことによって、わたしたちは「真のコスモポリタン」となることができます。

あなた方が生きる世界はこれからますます、あなたがたに「コスモポリタン」となることを要求するでしょう。

あなた方が「コスモポリタン」とならなければ地球はきっと滅びることでしょう。そうならないために、是非、「真のコスモポリタン」となり、生きていってください。

まだまだ伝えたいことはたくさんあります。それは次に会うときの楽しみにとっておきましょう。

あなたがたと共に学び、多くを経験して、わたしはたくさんの力をもらいました。心から感謝します。

すべてのことにありがとう！

そして、卒業おめでとう！


（これは、8年生の卒業式に話したこと、メインレッスンで話したことに加筆、訂正したものです）

シュタイナー思想を生きる　わたしが出会った人 5

愛と光の治療オイリュトミスト

アンドレアス・ベズーフさん

ひびきの村にやってきた
ドイツ人、治療オイリュトミスト。
幼い頃から「精神界」の存在と話をし、
26歳で兵役を拒否。福祉の仕事に就いて
人智学と出会ったアンドレアスさん。
南米、アメリカ、そして日本。
愛と光と熱を運ぶ「約束された人」…。

治療オイリュトミストが来る

お正月休みに郷里の名古屋に帰っていた、スタッフの藤岡貞雄くんから電話がありました。

「祐子さん、『ひびきの村』に治療オイリュトミストが必要ですよね」

「もちろんよ」

「それがいるんですよ！」

「どこに？」

「ここに！」

「ほんとう？　その方、『ひびきの村』に来てくださると言っているの？」

「ええ、今、彼『やまさと保育園』で調理の仕事をしているんですけど…園長が『こんな仕事をさせておくのはかわいそうだわ。『ひびきの村』でオイリュトミストとして働かせてもらえないかしら？』と言っているんですよ」

「本人がそうしたい、と言っているのなら是非、来ていただいて！　どんな条件が必要なの？」

「今、彼ここにいますから、祐子さん話してくれますか？」

そんなやりとりがあった後、わたしはドイツ人の治療オイリュトミスト、アンドレアス・ベズーフさんと話をしました。わたしはドイツ語が話せません。お互いに第2外国語の英語で、しかも会ったことのない人と、込み入った内容を電話で話し理解し合うことは大変なことでした。

が、ともかく彼は、…治療オイリュトミストとして仕事ができるのなら、「ひびきの村」へ来たい…と言うのです。それに、日本ではじめての、そしてたった一つの「人智学共同体」（勿論、シュタイナー幼稚園、シュタイナー学校を中心にした人の集まりも共同ではあります。が、学校以外の活動も含めた広い範囲に及ぶ共同体としては、という意味です）に、とても興味をそそられたようでした。

「個人的には、あなたに来ていただきたいと心から思っています。けれど、わたしの一存では決められません。「エグゼクティヴ・グループ」と「経済グループ」にあなたの必要な条件を検討してもらって、わたしたちがそれに応えられるかどうか結論が出たら、また話をしましょう」。そう言って、わたしは受話器を置きました。

オイリュトミストが来たいと言っている！　しかも、治療オイリュトミストが！

「ひびきの村」のスタッフが反対するわけはありません。オイリュトミストが現れる日を長い間心待ちにしていたのですから…。ただ、アンドレアスには複雑な事情があって、必要な生活費の額がスタッフの平均額の3倍以上であることが気がかりでした。

すぐに、臨時のミーティングを開いて話し合い、出した結論は、「エグゼクティヴ・グループ」はOK、そして「経済グループ」は、予備費を使ってアンドレアスが必要な額として請求した額を支給する、ということでした。早速、彼と電話で話をしました。そして、その3日後の夕刻、アンドレアスはニカノール・ペルラスと共に、嵐を引き連れて「ひびきの村」に現れたのでした。

彼に会った瞬間、光と熱を感じました。「ああ、すごい人が現れた。『ひびきの村』に約束されていた人だ」…だれもがそう感じたと言います。

翌日から…「こどもの園」と「シュタイナーいず

みの学校」、「自然と芸術と人智学を学ぶプログラム」、「シュタイナー学校の教員を養成するプログラム」、「若者のプログラム」で教えている彼の姿が村のそこかしこで見られました。

そして、さらに1週間後には、治療が必要な子どもと大人に個人セッションをはじめたのです。

「自分に向かってくるものは、すべてを受け入れる」…それが彼の生きる姿のようでした。

人智学を根底にした、…世界と人に対する彼の深い愛と理解…それがどれほど力を持ち、光を放ち、周囲を暖めていることか！　子どもたちを観る的確な目…それは、今生《こんじょう》に留まらず、前世にも及びます。

「ひびきの村」には、今までも、必要なときに、必要な人が、必要とされるかたちで必ず現れました。アンドレアスの出現によって、今度もわたしたちは「高次の自我を信頼して、その働きに帰依していたら、必ず必要なことは起こる」ということを確信したのでした。

…「ひびきの村」には、この先10年いて仕事を続ける…と断言したアンドレアス。「ひびきの村」にさらなる「精神の豊かさ」をもたらしたアンドレアス。感謝しつつ、彼の半生を聞かせてもらいました。

「精神界」の存在と話をする

幼い頃、わたしは始終「精神界」の存在たちと話をしていました。
（どんなことを話していたのか聞かせていただけますか？）
子どもでしたからね、今考えると、たわいのないことばかりだったような気がします。（頭のてっぺんから首筋まで赤くなり、笑いながら）
ある日、わたしは2番目の兄にひどくいじめられましてね…彼は兄弟の中でもいちばん身体が大きく、力がありました。その兄が本気になったら、4歳のわたしなんか吹っ飛ばされてしまいます。どうにかして仕返ししたいと思いましたが、どんなことをしてもかなわないことも知っていました。それでわたしは頼んだのです。「兄を懲（こ）らしめて欲しい」って。

それは本当に起こりました。その日の夕方兄は高いところから落ちて怪我をしました。たいしたことはありませんでしたが、わたしは内心嬉しかったのですよ。

こんなふうにその頃、わたしが願ったことはいつでもそのとおりになりました。みんな日常生活の中のたわいもない小さなことでしたがね…。

でも、今考えたら、危ないことでしたね。わたしがその力を大きなことに使おうとしなかったのは、幸いだったと後で思いましたよ。

そんなことが続いたのは、15歳の頃まででしたね。ティーンエイジャーになって、気がついたときには、そんな力はなくなっていました。わたしの内で「思考」の力が働きはじめたからでしょう、きっと。

そして、17歳になったとき、わたしは今度は意識的にその力を取り戻そうとしました。その話はまた後でしましょうね。

さて、わたしは1959年4月28日、ドイツのドルトムントという町で生まれました。わたしの上には2人の姉と3人の兄がいました。3年後には弟が生まれ、わたしは7人兄弟の6番目の子どもとして育てられたのです。

ドルトムントは鉄工業が盛んな鉄の町でした。札幌くらいの大きさでしょうか。そうそう、そこはビールの産地でもあるんですよ。

父は旋盤工《せんばんこう》、母は家にいて毎日朝から晩まで子供の世話と家の仕事に明け暮れていましたねえ。2人の姉たちは働き者で、よく母親を助けていましたよ。

町中の小さなアパートに、9人で暮らしていました。それがどんな生活だったか、あなたにも想像できるでしょう？　わたしたちは貧しくて、いつも騒がしくて、喧嘩《けんか》の絶えない家庭でした。大変な毎日でしたねえ。それに、7人兄弟の6番目というわたしの立場も、家族の中ではとても微妙で困難なものでしたよ。

ある日、…父と母はうまくいっていない…とわたしは感じました。3歳のときです。それほどひどい言い争いをするわけでもなく、二人は淡々としていましたが、わたしには彼らの深い内面が見えました。

そこでは、彼らは互いの存在に無関心で、二人の心はいつでもそっぽを向いていたのです。そして、もっと悪いことは、彼らの関係が「うまくいっていない」ということに、彼ら自身がまったく気づいてないということでした。

勿論、彼らの冷えた関係が、わたしたち子どもたちに影響を与えないわけはありません。わたしたちの家庭では、家族が互いに愛し合い、敬い合い、慈《いつく》しみ合って暮らす…そんな光景はまったく見られませんでしたね。

それでも、わたしは一番上の姉と弟とは気があって、3人でよく話したり、ふざけ合っていましたね。それが唯一の慰めであり喜びでもありました。姉にはよく世話をしてもらいましたし、弟とは始終一緒に遊んでいましたよ。

（3歳の子どもが、両親の内面を観ることができたのですね）

そうなんです。不思議だと感じますか？　でも、わたしはその頃から、人間にとても興味を持っていたのです。とくに、人間と人間の関係に強く惹《ひ》かれました。そして…何と言ったらいいんでしょう？…大きな視点から観る…とでも言ったらいいのでしょうか？　すると、

「この人たちの関係は、バランスがとれていないな」とか、「表面では仲良く振る舞っているけれど、この人は相手を恨《うら》んでいるな」とか、「この人たちの間には、小さなわだかまりが積もりつもって、今にも爆発しそうだな」…というようなことが観えるんです。

勿論、そんなことは誰にも話しませんでしたけれどね…。話したところで分かってもらえるとは思いませんでしたし、それどころか、そんなことを言ったら、きっとバカにされるか、非難されるだろうということを、子ども心にわたしは知っていましたよ。

それからもう一つ…わたしは薬のことをよく知っていましたねえ。たとえば、擦《す》り傷にはこの草を揉《も》んで傷口に擦り込んだらいい、とか、身体のどこかをひどくぶつけたら、あの草をはったら腫《は》れがひく、とか、熱が出たときにはこの実を叩いてつぶしたも

のを水といっしょに飲んだらいい、とか…。

（どうしてそんなことを知っていたのでしょう?）

わたしにも分かりません。どうしてか、自然に分かったのです。

何もかも知っていた

わたしが小学生になった頃、父がアルコール依存症になりました。やっぱり！　とわたしは思ったんですよ。父は無意識のうちに、母とうまくいっていないと言うことを分かっていて、それが不満で、不安で、それが後の不安定な状態を生み出したのでしょう。年を追うごとに、彼の症状はだんだんひどくなっていきました。悲しいことに、子どものわたしには、どうすることもできませんでした。

そんな父を嫌って、姉兄弟は父から遠ざかってゆきましたが、わたしはできる限り彼の傍《かたわら》にいようとしました。そして、いつまでたっても終わらない彼の愚痴《ぐち》を、よく聞いていましたね。

表面的にはだらしのない、意気地のない人のように見えましたが、彼はとても温かい心を持っている人だったのです。ですから、母との冷たい関係に耐えられなくなったのでしょう。わたしには父の悲しみがよーく、分かりました。

…あなたのしていることはよくないことだよ。あなたはそれを知っているね？　あなたを変えることができるのは、あなたしかいないんだ。わたしにはどうすることもできない…彼の愚痴《ぐち》を聞きながら、わたしは心の中でそう呟《つぶや》いていました。そして「人が人を変えることはできない、変えることができるのは、その人自身だけなのだ」ということを、9歳のわたしはそのとき知りました。イヤと言うほど…。

（学校はどうでしたか？　学校には行ったのでしょう?）

勿論《もちろん》、行きましたよ。でも、つまらなかった！　ほんとうにつまらなかった！　先生が話すことは、わたしはもうみんな知っていたのです。先生に教えてもらったことで、新しいことは何もありませんでした。退屈で、退屈でたまりませんでした。

数学は好きでした。数はどんなときでも正しかったし、正直で嘘《うそ》をつかないし、数には乱れることのない秩序と順序がありました。そして、いつも整然としていました。だから、数学が大好きでした。それでも、学校の授業はつまらなかったのです。わたしはみんな知っていましたから…。

（授業を受ける前に、だれかに教えてもらったということではないんですよね？）

ええ、そのとおりです。誰もわたしに教えてはくれませんでしたよ。わたしはただ知っていたのです。

（それはいつまでつづきましたか？　そして、その頃、あなたは何に興味を持っていましたか？　そんなにつまらない学校に毎日行きながら、少年時代をどうやって過ごしていたのですか？）

ものを創ることが好きでしたね。発明することも好きでした。考え、工夫して新しいものを創ることが大好きでした。

（どんなものを創ったか、覚えていますか？）

たくさん創りましたからねえ…おぼえていませんねえ。とにかく、手先を動かすことが得意だったのです。小さな器械を創っては、「これは便利だ」って、大人に喜ばれましたよ。

（じゃあ、あたなの創ったものは使えたのですね？）

ええ、勿論ですよ。使えないものは創りません。

動きから分かること

そうそう、その頃好きだったことがもう一つあります。わたしたちは人を観ることがことの他好きでした。アパートの入り口の階段に腰掛けて、通りを歩く人を何時間でも観ていましたよ。それから、公園で運動している人、工場や店で働いている人をよく見ていましたっけ…。

何を考えているのか、どんなことを思っているのか…顔の表情にはなにも表れていませんが、心の中にあることが、彼らの動きに表れていました。歩いている姿、荷物を担（かつ）いでいる姿、溶接している姿、物を計《はか》っている姿、ボールを投げている姿を観ると分かったのです。

表情からは何も伝わってきませんでしたが、足の運び方、手を上げる角度、首の位置、身体のひねり具合、腰のかがめ方…そんな動きがみんな、彼らの内面を話していましたよ。

人智学に出会う

高校を卒業してから、わたしは仕事に就（つ）きました。ご存じでしょうけど、ドイツでは、だれもかれもが大学に行こう、また親も行かせようという風潮はありません。「子どもは親の職業を継《つ》ぐ、親と同じ仕事に就《つ》く」というのが、一般的なのです。もっとも今ではずいぶん変わってきましたが…。

（つい2、3日前の新聞の記事で読みました。だれもかれも大学に行くようになって、教育が画一的《かくいつてき》になってしまった、って。ドイツも日本と同じ道を辿《たど》ってきたんですね。これは世界中に共通している現象なのでしょう。それで、個性的な教育をしているシュタイナー学校が注目されている…そう書いてありましたよ）

そうですか…。ともあれ、そんなわけで、わたしは「東洋の家具」を輸入している会社に就職しました。ビジネス・マネージャーについて見習いをしたんです。いろいろなことをさせられましたよ。調査、買い付け、セールス、会計、管理…そのとき、わたしは「ビジネスが何たるものであるか」ということを学びました。

そうそう、仕事の中でわたしがいちばん好きだったことは、家具を修理することでした。わたしはよほど手を動かすことが好きなのでしょうね。いつも気がつくと、手を動かしていましたねえ。

（その頃の、あなたの内面生活はどうでしたか？17歳のとき、意識的に「精神界」との繋《つな》がりを取り戻そうとした、って言っていましたね）

そうですねえ…わたしは相変わらず、人を観察していましたねえ。

人は話し、動き、行為し、書き、読みます。人を観、人の話を聞き、人が書いたことを読み、人と一緒に行動すると、…善良で、素晴らしく、大きく見える人がたくさんいます。でも、よーく観ると、ほとんどの人は「からっぽ」なんですよ。

その人たちが伝えようとしていたことは、人から聞いたこと、読んだこと、教えてもらったことばかりです。自分のものではありません。みんなまるで「からっぽの貝殻《かいがら》」のようでした。そういうことが分かったということが、わたしと「精神界」とのつながりを表しているかどうか分かりませんが…。

それはわたしがまだ「人智学」には出会う前のことでしたから「本当のこと」を知るために、わたしはわたしのやり方を探さなければなりませんでした。

わたしが発見した方法…それは、ただただ「よーく観ること」でした。観ていたら、…次はこう、その次はこう、そしてこうなる…ということが分かります。それを続けていたら、自ずと論理的な思考ができるようになったのです。

（それはまさしく…「ゲーテの観察」による、真の認識の獲得…ですね）

ええ、わたしも後でそれを知りました。こんなふうに、わたしは非常に論理的な思考ができたので、人が話していること、していること、書いていることの中にある矛盾にすぐ気がつきました。

「論理的な思考」は、「精神の働き」によるものですから、そういう意味で、わたしは「精神界」と深く結びついていた、ということができるかもしれませんね。だって「論理的な思考」の方法をわたしはだれに教えてもらったわけでもないのですから…。「精神界」の存在たちが教えてくれたのでしょう。

ドイツでは、26歳になると、健康な男子はだれでも兵役に就《つ》かなければなりません。わたしはそれは絶対にイヤでした。福祉の仕事をすると兵役を免除されるという制度がありましたので、わたしは病院で働くことに決めました。

それが、わたしが発見した「人智学」との出会いでした。その病院では「人智学を基にした医療」を実践していたのです。

最初の頃は、「変な人たちだなあ」と思っていましたよ。医者も看護婦も掃除婦も患者も…。なんて言うのでしょうかねえ、ゆったりしていて、細々（こまごま）したことを大切にして、変わった薬を使って、オイリュトミーというへんてこなものをして、…ライヤーも馴染《なじ》みませんでしたねえ、はじめは…。

表面だけを観ていたら、「なんでこんなことにこだわっているの？」としか思えませんでしたが…内面を観ると…すごい！　としか言えませんでした。

それから、わたしは「人智学の」勉強会に参加するようになりました。うまれてからずーっとわたしが心に抱えた問い、それまでだれに訊《たず》ねても答えてもらえなかった「問い」に対する答が、そこにはありました。

たとえば、「血液はなぜ結晶化しないのか?」とか、植物はなぜ、人間の身体を癒すことができるのか、というような…。

そして、治療オイリュトミー!

みんなの創った「O」の形の美しいこと! その動きにわたしは心の底から、感動しました!

病院で働きはじめてからそのときまで、わたしは薬を勉強しようと考えていましたが、オイリュトミーを見て以来、わたしはすっかり虜(とりこ)になってしまいしました。

(オイリュトミーの何に魅了されたのですか?)

勿論、はじめは美しい動きに魅了されたのですが、「治療オイリュトミー」の考え方を聞いたとき、「これがわたしの使命だ!」と感じました。…「動き」が人を癒す…のです。それも、…自分でして、自分で治す…ことができる、というのです。

どんな医療も他者に「施《ほどこ》される」ものですが、治療オイリュトミーは違いました。他者の力に依るものではありません。…自分でして、自分で治す…のです。

外国のオイリュトミー学校から、ドイツのオイリュトミー学校へ

人生は、わたしたちに必要なものを運んできてくれます。けれど、それがどんな意味を持っているのか、ということが分かるまでには時間がかかるものですね。

…兵役に就く代わりに病院で働く義務…を果たしてから、わたしはヴィッテンという街にあるオイリュトミー学校へ入学しました。

まず、「基礎コース」と呼ばれるコースをとりました。そこでは、わたしがそれまでにしたことがなかったことばかりをしました。絵を描く、歌を歌う、リコーダーを吹く、農作業をする、詩を詠《よ》む…とても楽しかったですよ。

勿論、ルドルフ・シュタイナーの本も読みました。

「これだ！」と思うことには、容易に出会いませんでした。けれど、理解できないことはたくさんありました。…分からない…という経験はわたしにとって生まれてはじめてのことでした。でも、いえ、だからわたしは学び続けたのです。簡単に理解できることなら、学ぶ必要がありませんからね。

密度の濃い1年を終えたとき、学んだことの多くを心で感じたい、ゆっくり考えたい、そしてわたしたちの血肉にしたい、と痛切に思いました。このまま学びつづけても消化不良になるだけだ、と考えたのです。そしてわたしは「休暇をとろう」と決め、以前から行ってみたいと考えていた南米に旅行することにしました。ドイツとはまったく違う文化に触れてみたかったのです。ブラジルのウテ・クレーマーさんに会いたかったし、できればファベーラで（貧しい人々の住む街）働きたいとも思ったのです。

ファベーラに行くと、そこは、ウテさんを慕《した》って世界中からやって来た人で溢《あふ》れかえっていました。で、わたしはすぐにそこを出て、旅をつづけることにしました。チリー、ペルー、コロンビア、ガテマラ…おもしろい体験をたくさんしましたよ。

（たとえばどんな？）

コロンビアのホテルであったことなのですが…チェックアウトするときに請求された宿泊料が、言われていた額よりずっと高かったので、「差額を払わない」とわたしは主張しました。当然のことでしょう？

しばらく言い合いを続けた後、わたしの背中にいきなり機関銃が突きつけられました。その頃、コロンビアの情勢はとても不安定で、どこにも銃を持った兵隊がいました。こうして、悶着（もんちゃく）があると兵隊が銃を突きつけて「決着」をつけていたのですね。その後も、そんな光景をよく見ましたよ。わたし？　わたしはそれに懲《こ》りて、いっさい悶着を起こさないようにしました。銃をつきつけられるのはイヤですからね。

南米の国は、どこでも人々は貧しい暮らしをしていましたよ、とても。明るい表情でね！

半年間、南米を旅してドイツに帰ることにし、途中でニューヨークに寄りました。そして、スプリング・ヴァレーにある「人智学共同体」に行きました。

そこにはオイリュトミー学校があり、ドルテアというドイツ人の女性がディレクターをしていました。

(わたしも知っているわ。彼女がシュタイナー・カレッジにいらしたとき、なんどか、彼女のワークショップをとったことがあるわ。それに、わたし、一度はオイリュトミー学校へ行こうかと、真剣に考えたことがあって、学校を見るためにニューヨークへ行ったことがあるのよ。そのとき、彼女とも会って話をしたわ。いかにもドイツ人らしい、きりっとした方ね)

ぼくも彼女からとても強い力を感じた一人ですよ。それで、ぼくはスプリング・ヴァレーでオイリュトミーのトレーニングを続けることにきめました。けれど1年経つと、資金が底をついてしまって…わたしはカリフォルニアに行って働くことに決めたのです。

(あなた、サクラメントのシュタイナー・カレッジに来たことがあります?)

ええ、サクラメントには2年半、1988年から1991年まで住んでいましたよ。そこでわたしはメカニックの仕事、主に車の修理をしていました。カレッジの先生や学生達にも頼まれてずいぶん修理をしたから、きっとあなたとはどこかで顔を合わせていると思います。勿論、日本人プログラムのことも聞いていたし…。

(そうでしょう? あなたが「ひびきの村」に来てから、…どこかで会ったことがある…って、ずっと思っていたのよ)

あなたはルース・バックを知っていますか? (勿論よ、彼女はわたしが基礎コースで学んだときの、オイリュトミーの先生だったわ。彼女のオイリュトミーは素晴らしくて、彼女の影響を受けて、わたしの同級生は3人もオイリュトミストになったのよ)

うーん、そうかあ。でも、ぼくは彼女とウマが合わなかったなあ。彼女がはじめたオイリュトミーのプログラムを受けたんだけれど、そこはぼくの場所じゃあない、と思ったし、彼女もわたしの先生だと感じられなくて…3週間で止めてしまったんです。

（彼女は芸術家としては素晴らしかったけれど、教えたり、組織を作ってそれを運営することが得手ではなかったのね。彼女が自分でトレーニング・プログラムをはじめると聞いたとき、みんながそれを心配してね。そして、そのとおりになってしまって…。そのプログラムは3年で止めてしまったのね。受講者の中にわたしの友人もいたのだけれど、とても困ってもいたわ。その友人は結局、ドイツへ行ってトレーニングを終えたけれど、そのまま中途半端になってしまった人もいてねえ…）

人は、自分の使命を悟《さと》ることができないと、とんでもない間違いを犯すことがあるのですね。

そこで次の道を探しあぐねていたとき、わたしはオイリュトミストのナンシー・マクマーンに出会いました。彼女はラファエル医療センターの治療オイリュトミストとして働いていた人です。彼女は真の意味でわたしが出会ったはじめての治療オイリュトミストでした。彼女から世界に対して治療オイリュトミストがどのような役割を持っているか…ということを教えてもらいました。

（ああ、懐《なつ》かしい人の名前ばかりが出てくるわ！彼女とは随分《ずいぶん》一緒に仕事をしたのよ。わたしのプログラムに拒食症の女の子がいてね。わたしの家で預かっていたの。彼女は、ラファエル治療センターで治療を受けていたので、わたしは保護者として、また教師としてナンシーとはいつも連絡を取り合っていたわ。彼女も素晴らしい治療家ね。そう、自分の使命を見つけた人だった！）

そうこうしている間に、ある日、ふと…もう本腰を入れて勉強をはじめよう…と思いました。

気に入った所で、気ままに暮らすことは、もうおしまいにしよう…そう、思ったんです。何があったわけでもありません。ただ、突然に…。

そして、わたしはわたし自身のことば、つまりドイツ語でトレーニングを受けよう、って決めました。さんざん回り道して、ようやく母国語で学ぶことが大切だということに気がついたのです。いいえ、正確に言うと、それ以前から気がついてはいたのですが、決心がつかなかったのです。わたしはドイツが窮屈《きゅうくつ》だと感じていたので、できれば外国でトレーニングを受けたいと願っていたから…。

約3年のブランクの後、わたしは国へ帰り、ベルリンにあるオイリュトミー学校で再びトレーニングを受けはじめました。

予想していたとおり、ドイツで暮らすことは難しかったですね。なにもかも小さくて、固くて、狭くて、暗く…馴《な》れるまでに1年はかかったでしょうか…。

オイリュトミー学校の先生たちも、同じでしたね。小さくて、固くて、狭くて、暗く…仕方がありませんね。だって、それはベルリンという町そのものの在り方なんですから…。悲惨な戦いが長くつづき、暗い歴史を持ち、厚い壁にふさがれ、何もかもが石で造られていて…。

（オイリュトミー学校では、何が問題だったのですか？）

まず、…先生たちが、オイリュトミーがどれほど素晴らしい力を持っているか、ということに気がついていない…ということでした。わたしには信じられないことでしたよ。でも、それが現実だったのです。それから、…先生たちが、わたしたち受講者を子どものように扱った…ということです。これは耐《た》え難いことでした。わたしたちは大人です。ですから、自たちに関することは自分で考え、自分で決めることができます。けれど、先生たちはそうはさせてくれませんでした。オイリュトミー学校では、先生が大きな権力を持っていて、絶対的服従でした。いつも、先生たちと対立していたわたしは、ある日、とうとう二者択一を迫られたのです。

先生に従わず、学校を去るか？　先生に服従して、このままトレーニングつづけるか？

わたしは後者を選びました。どうしようもありませんでした。治療オイリュトミストとして人を助けることが、わたしの使命だということが分かっていましたから…。そのとき、オイリュトミー学校をやめたら、今生ではもう使命を果たすことができないということは明らかでした。

裁判に持ち込もうか、と考えたほどですよ。でも、わたしは法律のこともよく知っていました。そして、こういう場合には殆《ほとん》ど勝訴する可能性がないということも分かっていました。

わたしはそれから二度と声をあげることなく、オイリュトミー学校を卒業しました。それからそこにいる間ずっと、わたしはまるで石臼（いしうす）の大きな二つの石の間に挟《はさ》まれているように感じていました。わたしの人生で、もっとも屈辱的《くつじょくてき》で苦悩のときでしたね。今でも思い出すと息が苦しくなるほどです。自分を誤魔化《ごまか》す、自分を偽《いつわ》るということは、どれほどの生命力をそこなうことか！

ベルリンを離れ、人生の師に出会う

学校を卒業したその日に、わたしはベルリンを離れました。自分を宥（なだ）め、諭（さと）しながら、生活していた所から一刻も早く離れたかった！

それからこれまで、わたしは、わたしの人生に、もっとも大きな影響を与えるべく存在した、3人の素晴らしい人たちに出会うことになるのです。

一人は、フレンツブルグのシュタイナー学校の校長で（正確に言うと校長とは呼びません。校長の役割を担っていた人、と言ったらいいのでしょうね）、名前はヴァカラーと言う人でした。

わたしは彼こそが、「真の人智学徒」と呼ばれる人だと思います。

（「真の人智学徒」とは？）

…精神界の叡知《えいち》を持っている人…、そして、その叡知がその人の生活を貫いている人…彼はまさしくそういう人でした。そういう人の人生によってのみ、世界は変えられるのです。

もう一人は、オランダ人のオイリュトミストです。名前はエリッヒと言います。オイリュトミーに対する彼女の考えは、非常に革新的でした。

そうそう、まだ話していませんでしたね。オイリュトミー学校を卒業してから、半年の間、わたしはまったくオイリュトミーの世界から離れ、わたし自身も、オイリュトミーをまったくしませんでした。オイリュトミー学校で先生たちに与えられた、真のオイリュトミーではないものを、わたしの内から捨てたかったのです。

それはともかく、エリッヒはオランダからたびたびやって来ては、ワークショップを開き、労働の現場へ出掛けていって、そこで働く人たちにオイリュトミーを教えていました。後で聞いたのですが、彼はそれを24年間も続けたそうですよ。

彼女と一緒にオイリュトミーをして、忘れかけていたオイリュトミーが持つ力を思い出しました。「もう一度、オイリュトミーをしよう！」…彼女のオイリュトミーは、わたしにそう思わせてくれました。

彼女は…肉体労働をしている人たちの、オイリュトミーの動きを見ると、一人ひとりが抱えている問題や、悩みが分かる…というのです。そして、彼女は彼らが問題を解決することができるように、全力で助けていました。

そのとき、彼女は彼らが持つ体験を大切にし、その体験が彼らの力となるようにし向けたのです。…どんなに悲惨な体験であろうと、どんなに貧しい体験であろうと、それは人が生きつづけるための力になる…という信念を、彼女は持っていました。

オイリュトミー学校で、先生たちがしていたことは、学生たちの経験を無視し、殺すことでした。けれど、エリッヒは一人ひとりがそれまで「生きてきた」ことを、とても大切にしたのです。かけがえのない人生の中で、一人ひとりが体験したことを、彼女は心から慈（いつく）しみ愛していました。

それこそが、オイリュトミーの持つ「精神性」なのだ！　とわたしは感じたのです。

経験したことのすべてがその人の動きを形づくっているのです。どうしてそれを無視したり、殺したりすることができるでしょう。「動き」がその人の人生のすべてを表しているのです！　それから、わたしはグループでする「治療オイリュトミー」の可能性を考え、試みることをはじめました。

グループ・治療オイリュトミー

「そんなことができる筈《はず》がない」

「治療オイリュトミーは、一人を対象にするものなのに、何を考えているの？」

オイリュトミストたちは、みんな口をそろえてそう言いました。エリッヒ以外は…。エリッヒは勿論、同意してくれましたよ。そして、励《はげ》ましてもくれました。

「いつもいつも、同じことをしていてはだめよ。それじゃあ進歩しないわ。反対されても非難されても怯(ひる)まずに、自分が信じた道を行きなさい」

そう言ってくれたのです。彼女がそういう言うのは当然です。なぜなら、彼女が長い間実践してきたこと、それこそが「グループ・治療オイリュトミー」そのものだったのですから!

それからわたしは、頼まれればどこへでも出掛けて行ってオイリュトミーをしました。個人でも、グループでも…わたしがするオイリュトミーは、すべてが治療オイリュトミーでした。そして「グループ・治療オイリュトミー」と同時に、わたしは「結婚カウンセリング」と、そのためのオイリュトミーもはじめました。結婚しているカップル、していないカップル…問題を抱えているカップルなら、どんな人たちの相談にものります。そして、そのカウンセリングの一部として、オイリュトミーをします。

(ここでも、是非、してくださいな。必要な人たちが大勢いるわ。)

勿論《もちろん》!

(聞いてもいいですか? 答えたくなかったら答えてくれなくともいいんですよ。あなた自身は結婚したことがあるのですか?)

ええ、あります。24歳のときに…。届け出の用紙にサインをしようと、ペンを紙の上に走らせている間に、「これはすべきではない」と思いました。そして、11ヶ月後に別れました。もっとも、その前に2年半の間一緒に生活していたのですが…。

エリーヌとの出会い

(そしてその後、エリーヌとの運命的な出会いがあったのですね)

どうして知っているの?

(あら、その話は有名よ! この前はあなたが名古屋まで彼女に会いに行ったし、その前には彼女がここに来ていたじゃありませんか!)

わたしの友人にパイプオルガンを作っている人がいてね。今から2年前の、そう、その日はわたしの誕生日だったっけ！　その友人と彼の奥さんが、わたしの誕生パーティーを開いてくれました。

そのとき、奥さんに「アンドレアス、お願いがあるの。あなた、わたしの代わりに彼と一緒に日本へ行ってくれない？」って頼まれたのです。

「わたしが一緒に行って、オルガンの設置を手伝うことにしていたんだけど、間の悪いことに、子どもがインフルエンザにかかってしまって…。具合が悪い子どもを母に預けて日本には行かれないわ。あなたがわたしの代わりに日本へ行ってくれたら、とっても助かるんだけど…。助ける人がいないと、彼女一人ではパイプオルガンを設置することができないのよ」

友人と彼の奥さんは、名古屋のある教会に頼まれて、作ったパイプオルガンを設置するために、日本に行くことになっていたのです。ところが、子どもが病気になり、行かれなくなった奥さんの代わりに、わたしがピンチヒッターを頼まれたのでした。

都合の良いことに、わたしはちょうど休暇をとっていたときでした。それで、名古屋がどこにあるのか、どんなところなのか、まったく知らないまま、わたしは気軽に承諾したのです。

そして日本に行ってパイプオルガンを設置する仕事をしていたわたしたちの前に、エリーヌが現れたのです。

こうして、南アフリカで生まれ育ったエリーヌと、ドイツ人のわたしは、日本の名古屋で出会ったのでした。

彼女は「精神世界」と、強く繋《つな》がっている人でした。それは一目で分かりました。わたしの目には明らかでした。彼女は人智学を知りませんでした。

「学んだのでなければ、教えられたのでもないのよ。…わたしは『精神界』と強く結ばれている…って感じたの」

彼女は、そう話していましたね。

わたしは「人智学」を通して「精神界」と結ばれていました。いわば、「学問」を通じて…。けれど、彼女は「精神界」と彼女自身の「生命」で結ばれていました。そんな彼女に出会って、わたしの「人智学」は「生命」のあるものとなり、彼女の「生命」

は、「人智学」によって「思考の力」を与えられました。

Life out of Knowledge

Knowledge out of Life

と言ったら、分かりますか?

ともかく、彼女と出会ったことによって、わたしはようやく「完成」に向かって、真の歩みをはじめることができる…そう、感じました。彼女もまた、そう感じています。

人間として「完成」するために、わたしたちは必要なもの、そして互いの内に欠けていたものを持ち合わせていたのですね。エリーヌとわたしにとってこれから、本当の意味で「生きる」ことがはじまるのだと感じています。これまでの人生は、このスタートのためにのものでした。これまでの人生は、真に生きるためのいわば助走だったのです。

(あなたとエリーヌの、本当の人生が「ひびきの村」ではじまるのねえ)

ええ、不思議ですね。

(あなたはなぜ、…「ひびきの村」に留(とど)まろう、って考えたの? これから10年も…。エリーヌは賛成したの? 彼女の事情はむずかしいのでしょう?)

わたしが「ひびきの村」に留まろう、と決めたのは、…「ひびきの村」には「精神の力」が働いていると感じたからです。それが「ひびきの村」に無限の可能性を与えています。その可能性を引き出すために力を尽くすことが、今わたしに与えられた使命なのです。

エリーヌも勿論、同意していますよ。彼女もここがとても気に入っています。いろいろ難しい事情があって、日本人のパートナーとまだ離婚が成立していないのです。でも、辛抱強く待っていれば、必ずそのときはやって来るでしょう。それは、明らかなことです。

待っていれば、そのときがきます。

世界を変えるのは、わたし

これから、わたしはどんどん変わってゆくと思います。今までも変わってきましたが、それはわたし自身の願望によるものでした。

けれど、これからは違います。今わたしの内で「精神」が大いに働きはじめたことが感じられます。エリーヌとわたしが結ばれたことで、二人の「精神」は以前よりもっともっと力強く働きかけるようになりました。わたしたち自身に向かって、そして、わたしたちを通して世界に向かって、二人の「精神」は力強く動きはじめています。

そうして世界は変わってゆくのですね。わたしたちをとおしてのみ、世界は変わることができます。世界を変えるのは、わたしです。そして、そのわたしを変えることができるのは、わたしだけ、わたし自身なのです。わたしが変わることによってのみ、世界が変わるのです。

こうしてアンドレアスは、「ひびきの村」に留まって彼の使命を果たすことを決意したのでした。

ルドルフ・シュタイナーは言っています。「教育のすべてが治療である」と…。どんな子どもも、どんな人も治療を必要としています。「ひびきの村」はすべての人が健康な体と心を得られる場所でありたいと考えています。今、アンドレアスの力によって、それを可能とする第一歩が踏み出されました。

個人で、またグループで「治療オイリュトミー」を受けたいと希望される方は、どなたでもお出ください。アンドレアスはまた、よきパートナーシップを築くためのカウンセリングも行っています。必要な方はどうぞ「ひびきの村」の事務局にお尋ねください。

こうしてまた必要な人が現れて「ひびきの村」が世界に向かって大きく拓《ひら》かれたのです。なんとありがたいことでしょう。

人生を意味深いものにするためのエクスサイズ

人生最大の危機とは？

「28歳から35歳まで」

28歳から35歳は、人生の第5期。
この時に、人生最大の危機を迎える人が多い…と、
シュナイターは言っています。
通り過ぎた人、まっ最中の人、これからその時をむかえる人……。
ご一緒に学びましょう。より豊かなあなたの未来のために。

人生最大の危機とは

これから人生の第5期、28歳から35歳までを迎えられる方々を脅《おど》かすようでしたら、ごめんなさい。と言いますのも、この通信講座の2年目にも書きましたが、ルドルフ・シュタイナーは、「この時期に、人生最大の危機を迎える人が多い」と言っているのです。

シュタイナーは、それをキリストの人生の中にも観《み》、わたしたちに示しています。キリスト教に帰依《きえ》していない人でも、日本ではキリスト・イエスの名を知らない人はないと思います。彼は…わたしたち人類が「愛に生きる」ことができるように、それを可能にするために、この世に人間として生まれてきました。そして、わたしたち人類に「愛に生きる」ことがどういうことであるかを示すために十字架にかけられて殺された…存在なのだと、わたしたちは理解しています。皆さまにとってキリストとはどのような「存在」でしょうか？

キリストが十字架にかけられたのは、33歳のときでした。人生を70年と考えたとき、33歳は、おおよその折り返し地点ですね。それはまた、「精神界」からこの地上に生まれてきたわたしたち人間が、地上にもっとも深く関わりながら生きるときでもあります。つまり、その頃わたしたちは「物質としての

存在」の頂点にあるのです。言葉を変えれば、…この時期に、わたしたちはもっとも深く地上に降り、もっとも物質的になって「精神界」から遠ざかる…と言えるでしょう。

そして、同時にまた、この時期を境にして、わたしたちは再び、生まれる前にいた場所、つまり「精神界」へ戻るための途《みち》を辿《たど》りはじめるのです。そのために、わたしたちは今、人生の歩みの方向を変えなければなりません。

「死」を経て「復活」する

イエスは30歳のとき、ヨルダン川で聖ヨハネの手によって洗礼を施されました。それ以前のイエスは、物静かで、生真面目で、よく働く一人の大工として生きていました。まったく平凡で目だたない一人の男性として…。

けれど、30歳になったとき、彼は…この世に人間として生まれてきた意味を顕《あら》わし、自らの使命を果たすために…生きはじめたのでした。

洗礼を受けたとき、彼の上に天から聖霊がくだり、彼の内で「精神」が明るく輝き、大きく息づきはじめました。そして、その「精神」は大いなる力を顕わし、彼は「愛に生きる」生き方をはじめたのです。

ただし、イエスはそれを始める前に、「悪魔」から3つの誘惑を受けました。

一つは、「神の子であることを証明するために、この石をパンに変えよ」という誘惑でした。それに対してイエスはこう答えられました。「人はパンのみで生きるものではなく、神の口から出る一つひとつのことばによって生きるのである」と。

次に「悪魔」はイエスを宮の頂上に連れていって言いました。「もし、あなたが神の子であるなら、ここから飛び降りてみよ」と。それに対してイエスは、「主なるあなたの神を試みてはなりません」と答えられました。

3つ目の誘惑を行うために、「悪魔」はイエスを高い山に連れて行って、この世のすべての国々とその栄華《えいが》とを見せながら言いました。「もし、あなたがひれ伏してわたしを拝《おが》むなら、これらのものをみなあなたに与えよう」と。イエスは答えられました。

「サタンよ退《しりぞ》け。『主なるあなたの神を拝《はい》し、ただ神にのみ仕えよ』と書いてある」。

こうして「悪魔」の誘惑をことごとく退《しりぞ》けたイエスは、12人の弟子たちを得、彼らと共に「愛に生き」、「愛を行う」ために歩き、話しつづけたのでした。

彼の発する「ことば」と彼の「行い」は、「愛」そのものでした。彼の「ことば」と「行い」は多くの人々の心を激しく動かしたのでした。こうして、イエスのことばを聞き、イエスの行為を目にすることによって、人は「愛に生きる」ことを知り、「愛に生きる」ことに目覚めたのでした。

このときはじめて、人類の心の中に「愛する」ということ、「愛に生きる」という意識が生まれた、とシュタイナーは言っています。

洗礼を受けた後、イエスは3年の間、弟子たちと共に旅をつづけながら「愛」を説き、自ら「愛」を行い、「愛」に生きることによって、その姿を人々の心に強く焼きつけたのでした。そして、ついに「愛に生きる」人生の真髄《しんずい》を示す「そのとき」を迎えたのです。

それは、自らを「神の子」であると宣言したイエスが、ローマの兵士に捕えられるときにはじまりました。12使徒の一人、イスカリオのユダの裏切りに遭《あ》って…。

「神の子であるイエスがこのまま捕らえられているはずはない。イエスは奇跡を起こし、彼を縛《しば》り付けている縄《なわ》を解いて自由な身になるに違いない」…身体をむち打たれ、頭には茨《いばら》の冠《かんむり》を被（かぶ）らされて、重い十字架を背負いながらゴルゴダの丘を登って行くイエスの姿を見て、人々はそう確信していました。人々はイエスが「奇跡」を起こすことを信じ、待ち望んでいたのです。裏切ったユダも、強くそう願った一人だったかもしれません。

イエスが「神の子」である証を見たいために、彼はイエスを裏切ることによって、それを試みたのかもしれないのです。

けれど、奇跡は起きず、イエスは十字架の上に釘《くぎ》で打たれ、胸に槍を刺されて遂に息絶えたのでした。

人々は心底、落胆しました。裏切られたと感じました。彼らにとってはイエスが「神の子」であるということは、もはや信じがたいことでした。

イエスの弟子たちも同じ思いを抱いていました。その上、イエスの弟子であったがために捕らえられるかもしれない、という恐怖に駆《か》られて彼らは逃げ、隠れました。

が、一方、地球と地球を取りまく大気には、奇跡が起きていたのでした。が、そのときそれを観た人はいませんでした。

イエスが十字架の上で息絶えたその瞬間、空はにわかにかき曇り、雷鳴が激しくとどろき鳴りわたり、荒々しい稲妻が走りました。それは、まるでこの世の終末がやってきたかと思ったほどに激しいものでした。また、イエスの胸を刺した槍の先から血が流れ、それが大地に吸われたそのとき、大地が激しく揺《ゆ》れました。そして、その後も揺れ続けた大地は、墓場に葬《ほうむ》られたイエスの身体を飲み込んだのでした。

キリスト・イエスの血と身体を受け取った地球は、その力によって生まれ変わりました。そして、地球を取りまく大気は、キリストの生命体に満たされたのでした。それこそが地球の「再生」だったのです。

それは他でもありません。人類にとって「愛に生きる」ことが可能になった瞬間でもありました。「愛に生きる」ことができる…ということが、わたしたち人類に約束されたのです。

人類の上に福音《ふくいん》はさらに下り、死後、キリストは3日後に復活して、弟子たちの前に顕《あらわ》れました。

十字架の上でなすすべもなく死んでいったキリストの姿を見て弟子たちは落胆し、失望しました。キリストを信じ、キリストに帰依する心を失ってしまいました。そんな弟子たちの前に復活したキリストは姿を現したのです。そして弟子たちは、復活したキリストの姿を見、キリストの言葉を聞いて、再びキリストに倣《なら》い、キリストに帰依することを心に誓ったのでした。

こうしてキリストの復活を体験した彼らは、そのときはじめて、キリストの存在の真の意味を悟《さと》ったのでした。そしてまた、キリストの復活を体験することによって彼ら自身もまた、復活したのでした。

弟子たちと共に学び、教養を身に着けた知識人ではありませんでした。彼らは貧しい漁師であり、大工であり、労働者でありました。けれど、キリストの復活によって使徒たちに力と勇気と知恵が授けられ、*ペンタコステを境に彼らはキリストの教えを伝えるために、世界へ散って行ったのでした。

こうしてキリストと共に弟子たちも一度は「死」に、そして、再び甦《よみがえ》ったのです。予言されていたすべてのことが「死」を経て、「復活」したことによって成就《じょうじゅ》したのでした。

再びキリストに対する信頼を取り戻し、弟子たちが知恵と勇気と力を授けられるために、彼らはどうしても一度は「死」ななければなりませんでした。つまり、…キリストへの信頼を失い、落胆し、失望して逃げ帰るということは、彼らにとっては…帰依する心を失う…「死」の体験であったのです。彼らは「死」の経過を体験する必要がありました。「死」んだからこそ、彼らは再び甦り、「復活」することができたのです。

「死」を怖れない

キリストと彼の弟子たちが体験したことは、わたしたちに何を伝えているのでしょうか?

「死」とは、文字どおり身体が滅びることだけを意味しているのではないということ、「死」とは、これまでわたしたちが築き上げた地位や立場を捨てること、学んだことによって得た知識を断念すること、体験によってかち得た信念や信条を抛（なげう）つこと…をも含んでいるということを伝えているのですね。

捨てること、抛（なげう）つこと、断念すること、別れること、離れること、断ち切ること、隠れること、潜（ひそ）むこと、敗北を認めること、諦《あきら》めること、止（とど）まること、退（しりぞ）くこと、下（さ）がること、散ること、消えること、滅びること、果てること、尽きること、絶えること、涸（かれ）れること、失うこと、去ること、没すること、抜けること、逃（のが）すこと、外（はず）すこと、外（はず）れること、残ること、燃え尽きること、逸（いっ）すること、朽（く）ちること…すべてが

*キリストが復活した後で、弟子たちが集まって話をしていると、天上に舌の形をした炎が下ってきて、12使徒が急にさまざまな国の言葉を話す力を授かったこと。

「死」に繋（つな）がり、「死」を招き、ときにはそれ自身が「死」そのものでもあります。

わたしたちの生活の中に、これほど多くの「死」を意味するものがあるのですね。

わたしたちは生まれてからこの方、さまざまな環境の中で、さまざまな人に囲まれ、さまざまなことを体験し、さまざまなことを学んできました。そして、それらすべてによって、わたしたちの内に共感と反感、道徳観や価値観、人生観、世界観がつくりあげられました。

わたしは他者の行為を、わたしの価値観で判断します。わたしは他者の話すことばに共感を、また、ときには反感を覚えます。わたしはわたしの道徳観をふりかざして、世界で起きていることを批判することがあります。わたしは他者の考えを、わたしの世界観によって裁《さば》きます。わたしは他者の働きを、わたしの人生観にもとづいて評価します。

わたしたちの内にあるこうした道徳観や価値観、人生観、世界観は、生まれてから21歳までの間に、わたしたちのまわりにいた人、そして環境によってつくりあげられたものなのです。

これらがつくられた過程で、わたしたちは…人間の在るべき姿と理想的な生き方、そして、社会の望ましい在り方…を描くようになったのでした。

やがて成人したわたしたちは、わたしたちを育て、守り、導いてくれた大人たちから離れて自立する道を歩きはじめました。そして、21歳から28歳の頃、はじめて社会に出たのでした。社会の中で、それまで描いてきた理想的な生き方を貫こうと努力し、また、社会を理想に近づけることを夢見たのでした。

けれど「現実」はそれを許しませんでした。わたしたちを取りまく「現実」は、わたしたち自身が理想的な生き方をすることを妨（さまた）げました。わたしたちが理想的な社会を築こうとすればするほど、「現実」は高く厚い壁となってわたしたちの前に立ちはだかったのでした。そして、わたしたちは傷つき、臆（おく）し、嘆き、憤（いきどお）ったのでしたね。

ルドルフ・シュタイナーは、この時期を「怒りが使命を持つとき」と呼んでいます。思い描いていた

「理想」のように生きることができない自分自身を怒り、また、「理想」の在り方から遠くかけ離れている「社会」に怒りを向ける…。が、同時にまた、シュタイナーはその「怒り」こそが、わたしたちの内に、さらに「理想」を求める心を燃え立たせるということをも示しているのです。

それはとりもなおさず、「成功したことより、失敗したことによって、より多くのことを学ぶ」（ルドルフ・シュタイナー）時期でもありましたね。

「自立」の途《みち》を歩きはじめたばかりのわたしたちは、ときに失敗し、臆《おく》して、そこに留まろうとしたこともありました。両親や上司、また権威を持つ人に寄りかかりたくなったこともありました。けれど同時に「理想」に向かって熱い思いを燃えたぎらせることもあります。

こうして、わたしたちは「自立と依拠《いきょ》」の間を揺れ動きながら、「理想」を実現するために生きてきたのでした。

しかし、人生の第5期に入ったわたしたちは、今、もはや「理想」を掲《かか》げつづけることはできないということを悟《さと》っています。

頼りにしていた上司が、「現実」の前に屈している姿を見てしまいました。入社したとき、互いに「夢」を語りあった同僚は、上司にとり入りわたしを避《さ》けるようになりました。たまに会う大学の同級生たちの関心は、もっぱら結婚相手を探すことのように思えます。あんなに熱く語り合ったことがまるで嘘のよう！

共に「理想」を実現しようと約束して結婚したパートナーも、「理想」を口にすることがすっかりなくなりました。子どもが生まれたら、是非、シュタイナー教育を受けさせたいと考えていたのに、近くに「シュタイナー幼稚園」もありません。

わたしは、わたしの思い描いてきた「理想」を捨てなければならないのでしょうか？　わたしを支えていた価値観や世界観、人生観を改めなければならないのでしょうか？

深い絶望感がわたしを捉《とら》えて離しません。仕事にも、家庭生活にも、子どもの教育にも希望が持てなくなりました。

これが、「死」を意味するものなのでしょうか？「理想」も「希望」も「願い」も…みんな諦《あきら》めたらよいのでしょうか？　今までわたしが依《よ》って立っていたものを捨てたら、何か新しい力が湧《わ》いてくるのでしょうか？　ここをくぐり抜ければまた、わたしの人生に光がさし込むのでしょうか？

エクスサイズ1

あなたはこれまで心が「死」ぬような思いを体験されたことがありますか？　それはどのような体験でしたか？　そして、その「死」の体験の後、あなたに「復活」がもたらされたでしょうか？　その体験はあなたにとってどのような「意味」がありましたか？

わたし自身は、キリストが「死」を体験したその33歳のとき、まるで心が「死」んでしまったかのような体験をしました。そしてありがたいことに、その後、「復活」をも体験しました。けれど、わたしが甦《よみがえ》るためには、その後、10年近い時間が必要だったです。

わたしは自分の「思い」や「考え」、「望み」を断ち切ることができずに、長い間苦しみつづけました。それまで持っていたものを、容易に捨てることができず、そのために、わたしはわたし自身だけではなく、周囲の人たちを苦しめ、悲しませ、嘆《なげ》かせる結果になってしまいました。

以前にも書いたことがありますので、ここには詳《くわ》しく書きませんが、わたしが「執着」から自由になることができたのは、とことん、自分の醜《みにく》い姿を見たことによってでした。「執着」に思うさま、振り回された醜い姿を、皆の前にさらしたことによってでした。

「我が儘《まま》」「自分勝手」「傲慢《ごうまん》」「一人よがり」「強引」「利己主義」「身勝手」「見栄っ張り」…そんなわたしの思いやことば、行いが、どれほど他者を傷（いた）めつけ、貶（おとし）め、蔑（ないがし）ろにしていたか…。そんなわたしの在り方が、どれほど他者の誇りを傷つけ、他者の尊厳を踏みにじり、他者の信頼を裏切っていたことか…。

そんなわたしの姿を思い知らせてくれる人が、次からつぎへとわたしの前に現れました。そして、そんな自分の姿に気付かずにはいられないできごとが、後からあとから起こりました。本当に、もういやと言うほど…。

わたしは、そんなわたし自身の姿を認めたいとはさらさら思いもしませんでしたし、見たくはありませんでした。それまでわたしは、自分を善い人、正直な人、親切な人、賢い人、頭の良い人、素直な人、教養のある人…と思いこんでいたのですから。

けれど、「これでもか」「これでもか」というほど自分の姿を見せられて、わたしはとうとう「自分を変えたい」「変えなければ…」と願うようになり、ついには「生きてゆかれない」とまで思いつめるようになったのでした。驚いたことに、そう願い、思いつめても状況は少しも変わりませんでした。

「自分勝手なわたしを捨てよう」「思いやりのある人になりたい」「人の痛みを感じられるようになりたい」「自分のことより人のことを考えよう」…そう心に決めて生きはじめたのに、相変わらず、わたしの周りには苦しいこと、辛いこと、悲しいことが次々と起きつづけたのです。状況は以前と少しも変わりませんでした。相変わらず息苦しく、生きづらく、心はいつも晴れずにもやもやとしていました。

わたしはそんな変わらぬ状況に絶望しました。とことん望みを失いました。そしてある日、「願うことも止めよう」と、思いました。こんなに願っても叶《かな》わないのなら、もう願うことも、望むことも諦《あきら》めよう…そう思い定めました。

「醜い自分を変えたい」と願うことは、善いことだと思っていました。善いことを願えば、必ず叶えられるとわたしは信じて疑いませんでした。それなのに、それさえも叶えられないのでした。わたしには「善い人」になることさえも許されないのか…。それほどまでに、天はわたしを見放してしまったのか…。

わたしは希望を失いました。心底絶望しました。そして、何もかも諦《あきら》めようと思いました。わたしのことはもういい、わたしのことは諦めよう、わたしのことは一切忘れよう…そう決めました。

わたしはすべての望みを捨てました。そして、

「これからは人のために生きよう。人の倖せのために生きるのだ」と、わたしは決めたのでした。

そのときからでした。気がつくと生きることがそれほど辛く感じられなくなっていました。俯（うつむ）いていた心が少しずつ上を向きはじめ、霧が消えたように気持が明るくなっていました。確かにそのときからでした。

そうして、1年たち、2年たち…「復活祭」と重なった40歳の誕生日、わたしは洗礼を受けました。そして、ルドルフ・シュタイナー・カレッジに行って、シュタイナー学校の教員になるためのトレーニングを受けようと決めていたのです。

33歳に「死」を体験したわたしは、こうして実に10年になろうという年月を経て、ようやく「復活」したのでした。

誘惑を退《しりぞ》ける

「復活」について考えるとき、もう一つ忘れてはならないことがあります。それは、キリストが「悪魔」から「誘惑」を受け、それを退《しりぞ》けたということです。

もう一度、思い出してください。「悪魔」は三つのことを、キリストに提示しました。

「石をパンに変えて見せよ」
「高い所から飛び降りろ」
「わたしにひれ伏せよ。しからば世界を与える」

ということでした。どれもが物質的な誘惑でした。

石をパンに変え、高い所から飛び降りて見せれば、そのことによって、キリストは簡単に自らが「超自然的な存在」であることを示すことができました。「悪魔」に服従すれば、しないまでも、それを望めば世界を己《おのれ》のままにすることもできました。そして、それを悪魔に知らしめることもできました。

けれど、それはキリスト・イエスの意に叶《かな》うことではありませんでした。それもこれも、「精神」の囁《ささや》きに耳をふさげば、容易（たやす）くできることでした。けれど、それはキリスト・イエスの持つ高貴な「精神」を売ることでありました。キリスト・イエスはこの世の栄華を得るために、「精神」を裏切ることはできませんでした。

彼は「誘惑」を退《しりぞ》け、あえて、茨《いばら》の道、すなわち、…自らのことばと行為によって、人々の心に「愛」を目覚めさせる…という困難な途《みち》を選んだのでした。それが、彼がこの地上に人間として生まれてきた目的であったからなのです。

わたしたち人間は、だれもがそれぞれ目的を持ってこの世に生を受けました。生まれてくる前に自らの意志で決めた目的が、確かにわたしにもあったはずです。

28歳から35歳…この物質の世界にもっとも深く関わって生きていた時期に、わたしはすっかりその目的を見失っていました。いいえ、…目的を持って生まれてきた…ということすら思い出すことがありませんでした。

わたしが受けた苦しみは、それを思い出すためのものでした。数々の困難が、わたしにそのことを思い出させてくれました。

物質の「誘惑」はこの世にたくさんあります。仕事、家族、美しいもの、友情、お金、名誉、誇り、栄光、地位…それらはいつでもわたしたちの心を捉えて離そうとしません。

わたしたちは多くの時間を物質的な欲望に駆《か》られて生き、そして、この世に生まれてきた目的を果たすことを忘れています。そのとき、わたしたちの「精神」は、それを思い出させるために、わたしたちに困難を与えます。苦しみ、悲しみ、屈辱《くつじょく》を与えます。焦《あせ》りも、怒りも、落胆も、嘆きも…。

わたしはそれを忘れていたために、10年もの長い間、苦しみに耐えなければなりませんでした。わたしの「精神」が囁《ささや》いていることばを聞こうとしなかったために…。

親から受け継いだものを失う

生まれてから21歳までの間、わたしたちは周囲の環境の中で、人に守られ、ひたすら与えられ、受け取って成長してきました。それは、生まれたときに両親から受け継いだものによって生かされていたと言うこともできましょう。

小学生の頃、作文が上手に書けた人、速く走ることができた人、上手に歌うことができた人、美しい絵を描くことができた人、人をリードすることが得意だった人、演じることが上手だった人…あなたは何が得意でしたか?

さて、子どもだった頃、得意としていたことを、あなたは今でも得意としているでしょうか? 今でもそれを特技として、活かしていますか? そして、得意なことが高じて、それを職業とされていますでしょうか?

ルドルフ・シュタイナーは、「28歳から35歳のもっとも物質的になる頃、わたしたちの内に持っていた、親から受け継いだ才能や力が涸《か》れる」と言っているのですよ。

それまで溢《あふ》れるように恵まれていた才能も力も、そのままにしておいたのでは涸《か》れてしまいます。その才能や能力を、本当に自分のものとするためには、今から努力しなければなりません。

あなたは今、正念場に立たされているのです。努力してその才能を磨《みが》き、ご自分のものとすることができたら、これからはそれを他者のため、世界のために役立たせる仕事としてつづけることができるでしょう。

わたしが小学生の頃、1年下のクラスにとても上手にピアノを弾《ひ》く人がいました。わたしには信じられないことでしたが、一度聞いた曲を、彼女は譜面を見ずに弾くことができたのです。ダイナミックに、そして表情豊かに演奏する彼女は、いずれ大ピアニストになるに違いない…。わたしたちはそう信じて疑いませんでした。そして、風のたよりに彼女が音楽大学に進んだと聞いたときは、わたしはそれを当然のことだと思っていました。

卒業して10年くらい経った頃だったでしょうか。久しぶりに小学校の同級会がありました。彼女がプロのピアニストになっていたら、是非、コンサートに行って彼女の演奏を聴きたいと思い、わたしは友人に彼女の消息を訊《たず》ねました。すると、「彼女はプロにはならなかったのよ。今は自宅で子どもたちにピアノを教えているわ」という答が返ってきました。

…あんなに上手だったのに! 天才だと思いこんでいたのに! もったいない!…人ごとながら、とても残念に思ったことを覚えています。

あれほど才能に恵まれていた彼女に、何があったのでしょうか？ 受け継いだ才能が涸《か》れる頃、それを自分のものとする努力を、彼女にさせない深い事情があったのでしょうか？

あのまま、続けていれば今頃は…と思い当たることが、皆さまにもありますか？ それとも、あなたは大変な努力をして、再びその才能をご自分のものとされたでしょうか？ そして、今もそれを人のために、世の中のために意味のある使い方をなさっているでしょうか？

エクスサイズ2

人生の第5期、28歳から35歳の頃、わたしたちは両親から受け継いだ力や才能を失います。あなたが受け継いだ力や能力は何でしたか？ そのとき、あなたは失いつつある「受け継いだもの」を、ご自分の努力によって再び獲得されたでしょうか？ それとも、それを断念して、新たに自らの力によって獲得されたものがありますか？ そして、今もそれを続けていらっしゃるでしょうか？

土星があなたに呼びかける

生まれてから29年と6ヶ月経った頃、土星は、わたしたちが生まれたときに位置していた所に戻ります。土星は惑星の中でもっともゆっくり動きそして、地球からずっと遠くに在る星です。

古代の人々は、土星を「宇宙に棲《す》む賢い老人」と呼びました。土星はわたしたちに、物事の本質を見極めることを促します。そして、あなたに問いかけます。「あなたの人生の中で、もっとも大切なものは何なのか？」と…。

また土星は、「基本」の重要さをわたしたちに示してくれます。どんな状況に在っても、どんな局面においても、「基本」を大切にすることを、わたしたちに思い起こさせてくれます。

そうです。土星はいつでもわたしたちに「基本を理解すること」、「現実の核に、何があるかを発見すること」、そして「そのものの究極の意味と目標を忘れないこと」を知らせるために、休むことなく瞬(またた)いているのです。

そんな土星に促されて、「ここに生まれてくる前に、わたしはどこにいたのか?」「なぜ、わたしは今ここにいるのか?」「わたしはこれから何をしようとしているのか?」と、真摯《しんし》に問いはじめました。

もし、今あなたがその問を発すれば、答を見出すことができるよう、土星は必ずあなたを支え、助けてくれます。逃げ出さず、諦《あきら》めず、その問に正面から向き合えば、土星は決してあなたを見放すことはないでしょう。

わたしたちがもっとも困難な途《みち》、正しい途を選んだとき、土星は全力でわたしたちを励まし、勇気づけ、その問に対する答を見出すことができる、と約束してくれる星なのです。

こうして土星は、わたしたちが「問」に向き合い、長く、真摯《しんし》な葛藤《かっとう》をすることを可能にしてくれます。そして、わたしたちが本質と非本質とを見極めることができるように、促してくれます。そして、物事の中にある非本質なものを捨て、本質を引き出すことができるよう、わたしたちを導いてくれるのです。

そうです。そうして土星はわたしたちを「真理」へと誘うのです。

もし、あなたがこの機会を逃したなら、土星があなたの許《もと》に再び巡《めぐ》ってくるまで待たなければならないのですよ。わたしたちの生き方の中にある非本質的なものを捨て、本質に生きることを示してくれます。あなたが、あなたの内に抱えている非本質的なものを捨てるまで、これから29年と6ヶ月という歳月を、待たなければならないのです。

「真理」を観、「本質」に生きるようになるために、あなたは29年と6ヶ月の間、辛抱づよく待つことができますか?

土星があなたの頭上に輝いている間に、どうぞ、人生に対する、世界に対する「問」を見つけてください。そして、その「問」に真摯《しんし》に向き合ってください。そうすれば、あなたが答を得ることができるよう、土星は必ずあなたを助けてくれるはずです。

エクスサイズ3

あなたが生まれてから29年6ヶ月が過ぎました。その間、土星はゆっくり宇宙を巡《めぐ》り、あなたが生まれたときに在った位置に戻ってきました。

あなたの内に生まれた「**人生の問**」は何ですか？　あなたは「**何**」に対して「**問**」を持たれたのですか？「**何**」について「**懐疑**」したのですか？　そのとき持った「**問**」や「**懐疑**」に対して、あなたはどうされましたか？　それは、あなたにとって大きな「**危機**」でしたか？

幼い頃を反映する心のありかた

7歳から14歳の間に、わたしたちの内では「心」が大きく育ちました。

覚えていらっしゃるでしょうか？　それ以前のわたしたちの感情は、とても本能的なあり方をしていましたね。つまり、心地よいものに対しては「共感」を抱き、心地悪いものには「反感」を感じる…本能的な、とても単純なあり方をしていました。自分の生命によい働きかけをするものには好感を持ち、生命を脅（おびや）かすものを嫌悪する。また、自分の生命を保護してくれるものには親しみ、自分の生命を損（そこ）なおうとするものは遠ざける…。

このような「心」のあり方は、生命を守ろうとする本能の働きに依るものです。そこには「共感」と「反感」、「好き」と「嫌い」しかありません。

生まれてから7歳くらいまで、わたしたちの感情はこのようなあり方をしていました。

ところが7歳を過ぎると、わたしたちが感じる「共感」と「反感」の間に、微妙な感情が生まれるようになりました。それは「共感」とも「反感」とも呼べないものでした。

使っていたおもちゃを弟が欲しがったとき…我慢して、弟に貸してあげることができるようになりました。弟が喜ぶ顔を見て、わたしも嬉しくなりました。以前にはできないことでした。弟をたたいても、取られまいと阻止《そし》していたのですから…。

道ばたにタンポポが咲いています。今年はじめて見るタンポポです。「お母さんが見たら、きっと大喜びするだろうなあ」…そう思ってわたしはそっと茎《くき》を折り、家に持って帰りました。思ったとおり、お母さんは喜びました。お母さんの笑顔を見て、わたしもとっても嬉しくなりました。

図書館から「ガンジー」の本を借りてきました。ガンジーはインドの裕福な家庭に生まれ育ち、何不自由のない生活をしていました。けれど、学校の行き帰りに見る、通りに溢《あふ》れている貧しい人々の姿は、いつも彼の心に痛みを与えました。

彼は、貧しい人々が、悲惨《ひさん》な生活を余儀なくされているのは、正しい政治が行われていないためだと考えました。そして21歳になったとき、ガンジーは、当時インドを植民地としていたイギリス政府に反対する運動を起こしました。

彼は、あくまで暴力に訴えず、話し合いによって解決したいと望みました。徹底的に非暴力を貫きました。わたしは彼の姿と考え方に、心の底から同意し、感動しました。そして、わたしもそんな生き方をしたいと願いました。

7歳から14歳の間に、わたしの内にはこのように豊かな感情が育（はぐく）まれたように思います。それは実に色合いの深い、さまざまな彩（いろど）りを持ったものでした。自分自身の内にある「好き」「嫌い」、「善い」「悪い」という単純な「思い」が、歓（よろこ）び、敬い、憧《あこが》れ、誇り、軽蔑《けいべつ》、悲しみ、憐（あわ）れみ、羨望《せんぼう》、怒り、畏（おそ）れ、憤（いきどお）り、ときめき…さまざまに変化し、そこから複雑で濃淡のある感情が生まれました。

7歳から14歳の頃、このように育まれた感情が、28歳から35歳のわたしたちの心のあり方に反映すると、シュタイナーは言うのです。

今あなたの目の前に、あなたが憧れる生き方をしている人がいますか？　あなたの傍《かたわら》には、あなたが心から尊敬する人がいますか？　あなたは近頃、以前よりもっともっと細やかな感情を味わうことがありますか？

今日、あなたは心に沁（し）みいる風景を目にしましたか？　子どもの笑い声に心が踊りましたか？　水の流れの中に渦《うず》を見て驚きの声をあげましたか？　風に誘われて外に出ましたか？　そして、風とダンスをしましたか？　蜻蛉（かげろう）のように白く淡い昼の月に、哀《あわ》れを感じましたか？　日の光に深く感謝しましたか？

7歳から14歳の間に、美しいものを見、善なることばを耳にし、正しい行為を促されながら育てられたあなたは、今、それらの体験がさらに味わい深いものとなり、そしてあなたの人生をますます豊かなものにしていることを感じるでしょう。

けれどこれからは、あなたの内の豊かな感情をあなた一人のものだけにしていてはいけません。あなたが豊かに感じる「心」を、どうぞ、他者に分けてください。それをあなたの「心」にだけ留（とど）めておくのではなく、他者と共有してください。

あなたの怒りを、世の中にはびこる不正義を滅《ほろぼ》すための力としてください。あなたの涙を、あなたの悲しみのために流すのではなく、飢えている子どもたちを満たすために流してください。あなたの歓びを、あなたの生きる力とするだけではなく、貧しい人々を暖める善き行為としてください。あなたの人間としての尊厳を、子どもたちの生命の力に変えてください。

もし、少女期、少年期に感動することが少なく育ち、それが今、あなたの感情生活を貧しいものにしていると気がついたなら…。

悲しむことはありません。嘆くこともありません。

…よかったですね、これまで生きていて！

今、あなたはご自分の人生を、あなた自身の手で創ることができる年齢になったのです。子どもの頃、豊かな感情が育てられなかったと感じているのなら、今、あなたの内に、それを育（はぐく）むチャンスがやってきたのです。

できなかったこと、与えられなかったもの、育てられなかったことを恨《うら》んだり、悔《くや》んだりする必要はありません。そうではなく、今できることを探したらよいのです。

ほら、見てください！　暖かい陽に誘われて、カラスが餌《えさ》を探しに畑におりていますよ。雲が虹色に輝いていますよ！　日陰に残った雪から水がちょろちょろ流れ出していますよ。枯れ草をかき分けると、ほら！　蕗《ふき》の薹（とう）が見えるでしょう！　噴火湾の向こうには、駒ヶ岳がまるで夢のような佇《たたず》まいをみせています。

エクスサイズ4

28歳から35歳の頃の心のあり方は、あなたが7歳から14歳までに経験したことが反映します。思い当たることがありますか？　そして、あなたの感情はますます豊かで恵まれたものとなっていることを感じますか？

境界線を越える

先号で、わたしたちは人生の中のさまざまな「境界線を越える」ことについて考えました。

33歳の、いわば物質の世界で生きるこの人生の頂点に在るわたしたちは、今、大きな境界線を目の前にしています。あなたにはそれが見えるでしょうか？

わたしたちの「精神・高次の自我」は、わたしたちにその境界線をしっかりと見極め、それを乗り越えることを促しています。けれど同時に、わたしたちの目の前にはまた、「誘惑」もあります。それは実に魅力的です。色鮮やかで、形も美しく、手触りの良さは何とも言えません。心が溶けるほどに魅惑されます。

ふと、わたしの手がそちらに伸びようとしたとき、わたしは頭上にひときわ明るい光を感じました。その光は土星から放たれたものでした。土星の光は、…物事の本質を見るように…というメーッセージを、わたしに送ってきました。

そう、わたしはわたしの使命を果たすためにこの世に生まれてきたのだった。わたしがこの地球に生まれてきたのは、わたしだけの幸せや歓びを楽しむためではなかったのだ…土星の光が、わたしにそれを思い起こさせてくれました。

わたし自身の内にある矛盾、葛藤、他者との対立や争い。そしてわたしの周りで起きている悲しいできごと、悲惨なできごと、過酷なできごと…それらはすべて、わたしに気づかせるためのものだったのだ。

わたしの前に大きな境界線がある。勇気をふりしぼってこの境界線を越えよう。

人生の、第5期を迎えた皆さまはいま、こんな心境におありでしょうか？

自らの内に大きな変化が生まれようとするとき、わたしたちは激しい衝動を感じます。そして、その衝動を大切に育てると、衝動はやがてわたしたちの内で、愛と力と勇気と熱に変わります。

人生の半ばを迎えた皆さまは、生まれてからひたすら「物質界」へと進めてきた歩みを、今、「精神界」へと方向を変えるときを迎えました。それはきっと、これまで皆さまが経験されたことのない、体験でしょう。新しいことをはじめるとき、わたしたちは怖《おそ》れを抱きます。たじろぎます。迷います。けれど、皆さまはもう後には戻ることができません。気づいてしまったのですから…。

大きな愛と力と勇気と熱を土星から受け取ってください。そして、どうぞ、決断してください。これまでとまったく異なる生き方をはじめる決断には、大きな悲しみ、苦しみ、嘆き、痛みが伴うことでしょう。けれど、皆さまの歩く道にはより豊かな人生が待っています。それが見えますか？

ご一緒に考えましょうQ&A

今号は、ちょっと長い質問をいただきました。まさしく1問1答です。「シュタイナー教育と、各国風土との関わり」大村さんは明確な根拠で、ていねいに回答して下さいました。

Q 「ひびきの村」をはじめ、シュタイナー教育では「キリスト教」に関わる行事や聖書の引用、物語などが多く見られます。また、「こびと」や「天使」が登場するお話がいっぱいです。それはシュタイナーがヨーロッパの風土に生まれ、ヨーロッパ中心に発展した当然のことと思います。たしかに北海道の風土は、わたしもなんどか訪れましたが、ちょっと日本離れした空気と大地、自然で、アイヌのユーカラが豊かに語るように、コロボックルやニングルといった「こびと」が本当にひそんでいそうな森、空、空気です。

本州の西に住んでいるわたしたちを囲む森はちょっとまた違います。そこには、もののけ姫に出てくるような鹿やイノシシの神がいたり、ときにはざしきぼっこがいそうな山々、宮沢賢治の童話にでてくる日本的なものがぴったりくるもう少し湿った（?）独自の風土があると感じます。

季節の行事でも、今はすたれていますが、昔は本当

Q&Aのご質問は、FAXか郵送で

ご質問をどしどしお寄せください。
FAXか郵便でお願いいたします。
あて先〒101-0054東京都千代田区神田錦町3-21　三錦ビル
ほんの木「通信講座」Q&A係。
FAX 03-3295-1080
TEL 03-3291-5121（編集室）
★あなたのお名前、ご住所、TEL FAXをお書き下さい。
質問は100〜200字にまとめます。原則的に記名にて掲載。イニシャル、匿名も可とします。教育問題を中心にお寄せ下さい。
アンケートへの記入でも結構です。

に豊かに、稲の豊作を願う祭、お供《そな》え、その心が息づいていたはずです。

シュタイナーの言うところをよく読んでみると、季節の節目をめでたり、心待ちにする心、ファンタジーでつつんでやることは、なにも「感謝祭」や「クリスマス」「天使やこびと」じゃなくてもきちんと日本にあったものだと思うのです。そして、ふわっと広がるスカートのかわりに、わたしのおばあちゃんのように、やわらかい袖《そで》のある着物で、いろりを囲む空間があったと思います。

シュタイナーを本当にとりあげてそれを日本で生かしていくなら、竹でつくったおもちゃや草花を使った日本のあそびを復活させ、日本の風土（またそれぞれの土地）にあった物語で豊かに子どもをつつんでやることが大事なのではないでしょうか。

ヨーロッパで製造されたおもちゃを輸入しないと、蜜蝋《みつろう》でないとダメなのでしょうか。シュタイナー教育が日本に入る前にも、それに近い環境で豊かな人間として育っていた人もあると思います。

アメリカ先住民の詩などを読むと、彼らがいかに自然を外からみるのではなく、彼らにも伝承された物語があり、魂を大切にし、強い自我のうえに自分を律し、争いを憎む知恵が豊かさがあります。（キリスト教は彼らを異端者扱いし、〝野蛮人〟として改宗させようとしました）

わたしはキリスト教を批判しているわけではなく、シュタイナーが本当にいうところの「人間」の進化について考えたいのです。

わたしたち自身が本当に豊かな人間になっていくために、何が必要なのか、枝葉の部分でなく、シュタイナーの生きた時代、彼は何を求めたのか、そして、それは今の日本にどうやって繋《つな》げられるのか、を考えています。まだまだ、私にはわかりません。ひたすら読んでいます。彼がなぜオカルティズムを大事にしたのか、背景は何だったのだろう。

（中略）

今、自分の子どもに何が本当に必要なのか…（どんな大人になってほしいのだろう、いや、自分はなりたいのか）を考え続けています。

いずれにしても、教条的にシュタイナーをとりいれたくはありません。それでも、ヨーロッパの物（たとえばライヤーやその音階、こびとを含む物語、キリストを必要とすること）が、人間の進化の上で、アジアやアフリカの人間にも必要なのでしょうか。アジアやアフリカの文化で足りないところを補わなくてはいけないのでしょうか。教えていただけたらと思います。

（奈良　高砂直子さん）

A

高砂さん、おたよりありがとうございます。あなたのおっしゃるとおりです。日本には日本の伝統があり、文化があります。

あなたのおたよりを読んで、２００２年４月から「シュタイナーいずみの学校」で予定している行事の予定表を見てみました。こんなふうに予定が組まれています。

「新年のお祝い」「2月の節分」「3月の雛《ひな》祭」「4月の復活祭」「5月の端午《たんご》の節句」「6月の花のフェスティヴァル」「7月の七夕」「9月の聖ミカエル祭」「十五夜」「10月の収穫祭」「11月のウインターフェアー」「12月のクリスマス・アドヴェント」「クリスマス」…があります。

「シュタイナーいずみの学校」では、確かに「キリストの復活」「大天使ミカエル」そして、「クリスマス」を祝います。これは、キリスト教を信仰している方々の祝日でもありますね。けれど、わたしたちが学校で子どもたちと共にこれらの祝日を持つ意味は、キリスト教に基づいた宗教的なものではありません。

わたしたち「ひびきの村」で暮らす者は、「復活祭」に、全人類にとってキリストが復活したことの意味を考え、それを感謝し、それに殉《じゅん》じたいと願い、祝います。ただし、子どもたちと共に祝うときには「春になって、自然の中に息づく生命の復活」を喜びます。

「人類が地球上で暮らすようになってから、その時どきに人類を導き守る大天使が遣《つか》わされた」と、ルドルフ・シュタイナーは示しています。そして大天使ミカエルは、今という時代を導く大天使だと言います。大天使ミカエルは今、民族、国、言語、宗教、文化などの違いによって対立し、争い奪い合い、殺し合っている人類が真のコスモポリタンとなるよう導いているのです。その導きに従い、わたしたちがさまざまな違いを乗りこえて、真のコスモポリタンとなれるよう願い思いを新たにするために、わたしたちは「大天使ミカエル」の祝日を持ちます。

クリスマスは言うまでもなく、キリスト・イエスが誕生した日です。その日、全人類は「愛に生きる」ことを、約束されました。そのことを思い起こし、もう一度、「自分自身より他者を大切にし、その他者に帰依《きえ》する」生き方をする決意を新たにするためにわたしたちは、キリストの誕生を祝います。

当然のことですが、子どもたちには、わたしたち教師や大人が認識していることを、そのまま伝えることはしません。それぞれの年齢に応じて、低学年の子どもたちには必要なことを心で感じることができるように、そしてまた、高学年の子どもたちには自分の頭で考えることを促すように話し、共に祝います。

高砂さん、お分かりいただけたでしょうか?

わたしたちは決して西欧文明だけを是《ぜ》としているわけではありません。復活祭、ミカエル祭、クリスマスを祝うことが、全人類にとって深い意味を持つと確信しているからなのです。

確かに、わたしが子どもたちに話す話の中には「こびと」や「妖精」が出てきます。「天使」や「神さま」にもお出ましいただくこともあります。

これは、わたしが育った環境のためだと思うのですよ。以前にも書いたことがありますが、わたしは小学校1年生から、ミッションスクールで教育を受けました。毎日毎日、神さまや天使の話を聞いて育ちました。天国や地獄の話も聞きました。そして、「天使」や「神さま」や「キリスト・イエス」の存在が、わたしの心に深く、強く沁《し》みとおったように感じます。

反対に、子どもの頃、仏陀《ぶっだ》やモハメッドの話を聞く機会はほとんどありませんでした。わたしは大人になってから、彼らの生涯、彼らの教えを「学問」として「学び」ました。ですから、わたしの心に彼らの存在と教えは深く染み込んでいないのです。

また、わたしは幼い頃、祖母や伯母、母から「おとぎ話」をたくさん聞きました。高砂さん、あなたもお聞きになったのでしょうね。

中でも、わたしは「鉢《はち》かつぎ姫」「うりこ姫」「赤鬼と青鬼」「一寸法師」の話が大好きで、祖母や母たちにせがんでは繰《く》り返しくりかえし聞いたものです。そして、わたし自身が母親になったときにも、二人の息子によく話して聞かせました。

高砂さん、不思議なことに、わたしがお話を創ろうとするときには、世界の、どことも言えない風景が心に浮かんでくるのですよ。勿論、日本の風景や日本の子どもや大人の姿が浮かぶこともあります。そんな物語もたくさん、子どもたちに話しました。

また一方では、お話を考えるとき、どことも知れぬ風景や人々の姿が見えることも多くあるのです。わたしはそんなとき、あえてその土地をこの地上の特定の場所とせず、また、登場人物を「どこのだれ」と定めることもしません。

勿論、「日本の北の地」とか、「南の海に浮かぶ島に暮らす子ども」とか、「フィンランドの深い森の中」など、そこがどこであるかはっきりしていることもあります。

そうそう、幼い頃わたしの大好きだった物語のひとつに「アラビアン・ナイト」がありました。アリババが「ひらけー、ゴマ!」と言うと、岩屋がガラガラと音をたてて開き、盗賊が盗んでは集めた宝物を見つけるあの話です。ですから、わたしの空想の中には、アラブの人々も出てくるのですよ。

母が一枚の赤いスカーフを持っていました。なんと、そのスカーフの縁には、黒いシルエットで、「アラビアン・ナイト」の中のさまざまなシーンが描かれていたのです! ですから今でも、わたしの中には「アラビアン・ナイト」が黒いシルエットとして生きているのです。

また、わたしは中国の北京で生まれましたから、幼いときから中国の話もよく聞き、読みました。ポリネシアの話も好きです。北欧の神話は、次男がサクラメントのシュタイナー学校で学んだときに親しみました。アフリカにはこれまであまり縁がありませんでしたが、7、8年生の「世界の歴史・ルネサンス期」の授業で、チュニジア、モロッコ、アルジェリアのマグリブと呼ばれている3カ国について学びました。この夏には、南アフリカのヨハネスブルグで行われる世界のNGOの会議に出る予定です。今からとてもたのしみにしているのですよ。

こんなわけで、わたしが「シュタイナーいずみの学校」で子どもたちに話す話も、「ひびきの村」の行事で話す話も、ほとんどのものが国籍を持っていないのです。(メインレッスンで話す話は別です)

そういえば、わたしが心から敬愛している宮沢賢治の作品にも、日本の「座敷童子(ざしきわらし)」や、「竜」、「お姫様」など…日本を思わせるものはあまり登場しませんね。(勿論、明らかに日本を舞台にしているものもあります)

彼の作品には、花巻、岩手県、日本…という枠を大きく越える力を感じます。いいえ、もともと他者との隔たりをつくる民族、国家、言葉、文化の違いが、彼の中には存在しなかったのか、とわたしは考えています。

世界と、自然界と、銀河系と、精神の世界と…彼はいつでも自由に行き来することができたに違いありません。そんな彼の中に、わたしは「真のコスモポリタン」を見るのですよ。高砂さんはどうお考えですか?

例によって、何を伝えたいのか、さっぱり分からず、高砂さんは目を白黒させているでしょうか?ごめんなさい。結論を書きます。

世界中のシュタイナー学校は言うまでもなく、その土地の風土と文化の中に存在しています。そこで暮らす教師が、そこで暮らす父親や母親、そして地域の人々と一緒に学校をつくっています。そして、そこで学ぶ子どもたちも、その土地の風土がつくりあげた文化の中に生まれ、育っています。

そういう状況の中で成される教育が、どうしてその土地特有の文化を無視して行うことができるでしょうか?

けれど、一方、わたしたちは風土や文化を越えて、共有しているものがあります。「人間の力を越えた存在を感じること」、「その存在を尊ぶこと」…などです。そして「自然の力に畏敬《いけい》の念を感じること」、

シュタイナー学校で教えるわたしたちは、それもまた、大切なことであると考えています。

世界、50カ国以上の、約800ものシュタイナー学校で行われているシュタイナー教育は、「それぞれの土地が持つ特有の文化」と、また、それだけに捉《とら》われることなく、「世界中の人々が共有している文化」とが織りなして創るものだと、わたしは確信しています。

高砂さん、長くなりますが、もう少し書かせてください。あなたはとても大切な提案をしてくださいました。

何度も書くようですが…世界のいたるところに、長い時間をかけて熟成された、それぞれの民族が持つ独自の文化があります。けれど、先号で書きましたように、グローヴァル化の波が巨大な力で、今それらを無視し、死滅させようとしています。

中世からルネサンス期にかけて、ヨーロッパの人々が自国にはないものを求めて、遠くアフリカ、中近東、アジアの国々へと船を向けたときから、世界中にヨーロッパ文明の波が襲いはじめました。それが、いわゆるグローヴァル化のはじまりです。

便利なもの、安《やす》いもの、簡単なものをつくり続け、労力を極力省いて、余暇をつくり、人間が労働以外の楽しみを持つことを望む文明…それが近代文明と呼ばれるヨーロッパ文明の特徴です。

そして、近代文明は更により正確に、より精密に、より速く…を求め、その願望を満たすために、人類はとうとう地球以外の星にまで手を伸ばすようにさえなりました。より速く、より簡単に、より安く…そうして、人類は余暇を手に入れることができました。つまり、生きるためだけに汗水流して働く必要がなくなったのです。

大昔、人は生命を繋(つな)ぐためにだけ生きていました。生き続けるために食べ、食べるために野山にでかけては食べられるものを採《と》り、口に入れられるものを狩《か》り、仕留めました。

やがて人は土を耕し、種を蒔《ま》いて収穫することを覚えました。その後、長い時間が経つうちに、人は知恵と力とを具《そな》えて、十分に食べてもなお、食料を手許《てもと》に残すことができるようになりました。そして、残った食料を保存し、それを食べている間は、人は働かずにいられるということに気付いたのです。人類にとってそれは、大変画期的なことでした。

このときはじめて人は「生きるためにしなければならない労働」から開放されたのです。人は余暇に、心が躍《おど》ること、心がうきうきすること、楽しいことをすることを覚えました。こうして、人は「生きるため」の他に「する」ことを持つに至ったのです。

爾来《じらい》、人は…いかにして余暇を持つことができるか…ということを考え続けてきました。そして、心楽しく、苦労せずに生きることを願い続けてきました。その結果、さまざまな便利な道具が創られました。コンピュータは人類が歩みつづけてきた道の最先端にあるものです。

そして、人類が地球上で暮らしはじめて3万年経った今では、コンピュータを駆使して人間の代わりにロボット（さまざまな機械もふくむ）に仕事をさせることができるようになりました。そして、わたしたちはもっともっと余暇をつくって、生きることを楽しみたいと考えているのです。

一方、余暇を持つことによって、わたしたちは「自我」を発達させることができました。「生きるために働く」ことから開放されると、人は「考える」ことをはじめました。「世界」について、「人」について、「宇宙」について…そして、「神・精神」について、人は深く、高く、さまざまに思いを巡《めぐ》らし、考えつづけてきました。

その結果、何が起きたか…高砂さんもお分かりですね。そうです。それ以前は「神」と共にいた人間が、「神」について考えられるようになったときから、「神」と一体ではなくなったのです。子どもの内に自我が芽生えたとき、それまで一体だと感じていたが、自分とは異なった存在だということを知り、親から離れてゆく…という現象と同じことが、全人類の上に起きたのです。

高砂さん、あなたのおっしゃるとおりです。アメリカ・インディアンと呼ばれる北アメリカ大陸の先住民たちは、実に崇高《すうこう》な信仰と精神性の高い文化を持っていました。けれど彼らが培（つちか）ってきたその文化は、ヨーロッパから移住してきた、「自我」を持ちえたアングロサクソンによって、滅ぼされてしまいました。

先住民たちは精神界と強いつながりを持ってはいましたが、自我を具《そな》えられてはいませんでした。ことばを変えれば、強い自我を持っていなかったからこそ、彼らは精神界と強く結ばれていたのだ、と言うことができます。そして、「自我」を持つ人々によってその文化を滅ぼされてしまったのです。

これも、ひとつのグローヴァル化の現象ですね。

わたしはこう考えるのですよ。文明が発達したことによって、世界のグローヴァル化は大変な勢いで進んできました。今、グローヴァル化の流れは、世界のさまざまな土地の、さまざまな文化を席巻《せっけん》しようとしています。それを、わたしは悲しいと感じます。

前に書きましたように、人類は永いながいときを経て、文明を築きあげてきました。それは、余暇を持つと言うことでもありました。余暇を持った人類は考えるようになりました。そのために、わたしたちは強い「自我」を手に入れることができたのです。

わたしたちが今ほど強い「自我」を持つに至ったために、失ったものは実に大きいものでした。それは「精神界とのつながり」という、実に実に大きなものでした。それをわたしたちは失いました。

けれど、これは、わたしたち自身が決めたことだったのです。「精神界との強いつながり」を失ってまでも、「自我」を手に入れたいと、人類が望み、決めたことなのです。それだからこそ、人類は自らの意志によって手に入れた「自我」の力によって「考え」…、「精神の進化」を遂げること…を、人生の目的と定めることができたのです。「精神の進化を遂げる」と決めたのは、わたしたちの「自我」です。「自我」の力によってこそ、わたしたちは「精神の進化を遂げる」ことができるのです。「自我」を持たなければわたしたちは「精神の進化」を遂げることができません。

高砂さん、わたしがお伝えしたいことがお分かりいただけましたでしょうか?

「自我」をもっていないとき、人は「精神界」と強い繋（つな）がりを持っていました。それは、進化していない段階にあったからです。「自我」もってない幼い子どもが、「精神界」と強い繋《つな》がりを持っているように…。

一人の人間が成長するにつれて「自我」を持つに至るように、全人類も進化する段階で、「自我」を持つことができるようになりました。

そして、これからの人類の目標は、一人ひとりが強い「自我」を持ちながら、「精神の進化を遂げること」…そして、いつか「精神的な存在になること」なのです。それは、とりもなおさず、わたしたちが「ひとつ」になることでもあります。

かつて、世界は「ひとつ」でした。人もその「ひとつ」であった世界の一部だったのです。が、やがて世界は別れ、さらに別れ…人は一人になり、一人になって「自我」を持ちました。

今、世界はもう一度「ひとつ」になろうとしています。そして、人類も…。ただし、「自我」を持ちながら…。

人類は、かつて経験したことがないことをしようとしているのです。難しいことです。この先どれほどの時間をかけなければならないのか…想像もできません。けれど、わたしたちは確実に「その道」を歩いているのですよ。

世界のグローヴァル化の流れもそのひとつの現象です。グローヴァル化は…世界が「ひとつ」になる…そのために必要なことなのです。…人類がひとつになるために…も。

けれど、先号で書きましたように、そして、ニカノール・ペルラス氏が話しているように、…世界が「ひとつ」になる…ためのグローヴァル化は、今までのように、「世界のある一部の人々が豊かになるため、優位に立つため、人を従わせるため、人を思うままに動かすため」であってはならないのです。

今、世界を席巻《せっけん》しつつあるグローヴァル化の現象は、主としてアメリカ合衆国が自国の利益を得るために、彼らの考え、彼らの在り方、生き方を、世界中に広げようとしているために引き続き起こされたのです。つまり彼らの文化を世界中に押しつけようとした結果なのです。それは、決してアメリカ合衆国国民の総意ではありません。それは、アメリカ国籍を持つひとにぎりのエリート集団が行っていることです。彼らは世界中を彼らの思うままにしたいと考えているのです。

…世界が「ひとつ」になる、人類が「ひとつ」になる…と言うことは、決してそういうことではありません。遠い未来のことは分かりませんが、少なくとも今、世界が「ひとつ」になるということは、わたしたちが共有しているこの美しい「地球」を美しく保つために力を合わせるということです。自分と、自分の国の人々だけがふんだんに資源を使って、便利な暮らしを営むことではありません。

わたしたちが「ひとつ」になるということは、自分たちの文化や生活習慣、宗教的な行事を大切にする余り、他を排斥《はいせき》することではないのです。「ひとつ」になるために、ときに、自分たちの言語、宗教、文化を断念することを余儀なくされることがあるかもしれません。

自らに固執することなく、全人類にとって必要なこと、つまり、…全人類が美しいと感じること、真理だと考えること、善なる行いであると確信できること、正しいと断言できること…を選ぶことが必要なのです。

わたしはそれを、…大切にするが固執しない。慈《いつく》しむが惜《お》しまない。愛するが執着しない…態度であると考えています。

今、世界で起きつつあるグローヴァル化は必然であり、いつか、世界は「ひとつ」になり、人間もその一部となると、わたしは考えていまです。

人類は、これまでも、今も、そして、これからも、そこへ行き着くためのプロセスを辿《たど》り続けるでしょう。あたりを見回すと、さまざまな領域で、わたしたちを隔てている多くの「違い」が急速に失われていっていることに、高砂さんもきっと気がつかれることと思います。本来、グローヴァル化はそのためのものなのです。

高砂さん、だからと言って、わたしが日本の文化を蔑（ないがし）ろにし、伝統を大切にすることに反対しているわけではありません。決してあなたが、日本の文化に固執していると思っているわけではありません。あなたのおっしゃることは十分理解できます。そして、そのとおりだと思います。そのうえで、遠い未来を見通して、わたしの生き方を決めたいと思うのです。

わたしも生け花や日本建築、茶道、書道が大好きです。和服を美しく着こなしている方をお見かけすることがありますが、そんなとき、心が洗われるような思いがします。母が元気なときには、わたしが訪ねると、きまってお茶を点《た》ててくれたものでした。西洋ふうの盛り花より、素焼きの一輪挿しに挿《さ》された野の花に風情《ふぜい》を感じます。津軽三味線の音に心を揺《ゆ》さぶられます。伊達では時折、地元出身の三味線奏者の演奏会があり、そんなときには楽しみに出掛けます。

けれど、わたしは日常生活の中で、これらのものに親しんでいるかといったら、そうとも言えません。

わたしがそのものを嗜（たしな）むことがない、遠ざかる、忘れる…ということは、それらのものが、今を生きるわたしの生活と意識に添《そ》っていない、ということを表しているのではないでしょうか？

人々が自然に求めるものは、それが生活と心に叶《かな》っているからでしょう。暖房の効いた部屋で、真冬にアイスクリームを食べること、清涼飲料水をビンのまま飲むこと、ホットドッグを歩きながら食べること、ベットで寝ること、ジーンズをはくこと…すべてが楽に、堅苦しくなく、たやすく…という、わたしたちの願望が叶えられたものだとはお思いになりませんか？

もう、この流れを無理矢理引き戻すことはできないだろうと、わたしは思うのですよ。…人は、自分の意識に従って生きるしかないのですから…。わたしたちが和服を着ないことには、それなりの理由がありますものね…素速く動けない、車を運転できない、器械を扱えない、高価である、着るのに時間がかかる、付属品がたくさん必要…などなど。

高砂さんは、成人式に見かける若いお嬢さんたちの和服姿を美しいとお感じになりますか？　わたしは、少しも感じないのですよ。お嬢さんたちの身のこなしはとてもぎこちないものです。脚が長く、胴が短く、きゅっとしまった体型に、和服はふさわしいものではないのですね。ましてや、髪を黄色や白に染め、モヒカン刈りをした青年たちが身に着けている羽織袴《はおりはかま》を、わたしは見づらいと感じるのです。無理に、時間を引き戻すようなことをする必要はありませんね。ふだん着慣れたスーツ、身体に馴染（なじ）んだワンピースのほうが、ずっと素晴らしいとわたしは思うのです。

自分が、今そしてこれからも保ち続けたいと願っているものが、本当に、世界がひとつ、人類がひとつになるために必要なことなのかどうかを、考えたいと思います。

高砂さん、決してあなたが提案してくださったことに、反対しているのではありません。あなたのおっしゃることは、そのとおりです。そして、その上でわたしが書いたことを考えてくださいますか？

返事がこんなに長くなってしまいました。

皆さまとご一緒に考えたいこと、考える必要があることは山ほどあります。けれど、わたしたちが暮らす地球上では、空間と時間が限られています。それを突き抜けるために…「精神」において、皆さまと結ばれる…以外に方法はないと、わたしは考えています。そして、皆さまとわたしとの間では、いつでもそれが為されていることを確信しています。

お寄せいただいた多くの「問」について、ご一緒に考えることができず、ごめんなさい。けれど、わたしは確信しているのですよ。どんなに「問」対する「答」も、その「問」を発した人の内にある…ということを。

皆さまの内にある「問」を、じーっと見つめてください。じーっと耳を澄《す》ませてください。「答」が見え、聞こえてくるはずです。なぜなら、どんな「問」に対する「答」も、あなたの内に用意されているのですから…。

スタッフはどんな人?

大村祐子さんが直接レポートする、もう一つの「風のたより」

「ひびきの村」では、どんな人が、どんな暮らしをしているのでしょうか?
そんな大勢の皆様からのご要望に答えて、今号ではふたりのスタッフをご紹介します。

「ひびきの村」のスタッフはどんな人?

「ひびきの村」で働いているスタッフはどんな人ですか? その人たちはどんな経緯で「ひびきの村」に来たのですか?……と、皆さまによく聞かれます。

中には、「ひびきの村」のスタッフは…ストイックな菜食主義者で、冗談も言わず、いつも黙々と働いている…と、想像していらっしゃる方があると聞き、驚いています。

わたしたち「ひびきの村」のスタッフは、精神の進化を遂げることを目標としてはいますが、身体と心を持った人間です。常に身体が心の欲求すること と葛藤《かっとう》しています。「おいしいものが食べたい」「大変な仕事は避《さ》けたい」「休みたい」「陽がいっぱいさし込む家に住みたい」「美しいものを身に着けたい」…などという身体の欲求があります。

「あの人の態度がいやだ」「彼の押しつけがましさが我慢できない」「束縛《そくばく》されずに自由に仕事をしたい」…と心が求めます。これは身体と心を持つ人間として生まれてきたわたしたちの当然の在り方です。

けれど、わたしたちには身体と心のほかにも具《そな》えられたものがあります。精神です。わたしたちには精神が具えられています。精神は身体と心が欲していることを克服するように、とわたしたちを促しています。それこそが身体と心と精神を兼ね備えてこの世界に生まれてきたわたしたちの目的なのです。

つまり、…わたしたち人間は身体と心と精神を備えてこの世に生まれてきました。わたしたちが地球上で生を受けている間に遂げなければならないことは、「身体と心の欲求を精神の力によって克服すること、それによって『精神の進化』を遂げること」なのです。

「ひびきの村」で暮らすスタッフは、…「精神の進化」を遂げることを目的とし、常に努力している人たち…と言えるでしょう。けれど、「それを目的とする」ということは、すなわち「まだ目的が遂げられていない」ということを意味しています。つまり、「ひびきの村」のスタッフは「精神の進化」を遂げるための過程に在る人々なのです。

わたしたちは常に「身体が欲すること」「心が求めていること」をしっかりと認識し、それらの欲求を「精神の力」によって克服しようと努力しています。うまくいくこともあります。が、折り合いがつけられないこともあります。身体や心の欲求に負けてしまうことがたびたびあります。こうしてわたしたちは「精神の囁《ささや》き」に耳を傾けながら、いつも葛藤しています。

たった一つだけ言えることは、スタッフみんなが…「精神の進化」を遂げよう…と固く誓っているということです。けれど、決心の固さは皆、それぞれ違うことでしょう。そんなスタッフがどんな人で、どんな経緯を経て、「ひびきの村」にやってきたのか…紹介いたしましょう。

事務局

事務局は「ひびきの村」の中枢《ちゅうすう》です。「ひびきの村」で行われている活動のすべてを把握し、その活動の目的を遂げることができるよう、潤滑油《じゅんかつゆ》の役割を果たしています。

事務局の仕事は、庶務、広報、会計を担い、また、ヴィジタープログラム、ワークショップ、サマープログラム、季節の行事を主催します。また、「ひびきの村」に届くさまざまなお問い合わせに答え、ご相談にものっています。

「自然と芸術と人智学を学ぶプログラム」「シュタイナー学校教員養成プログラム」「若者が世界と自

分自身に出会うためのプログラム」のコーディネイト、そして、受講される方々のお世話も事務局の仕事です。皆さまにお届けする会報誌「風のたより」と「ひびきの村通信」の編集と発行もしています。

事務局には杉本美花《みか》さん、御手洗仁美《みたらいひとみ》さん、市川聡子《さとこ》さん、杉本啓子さん、大村翠《みどり》さん、大村次郎が働いています。

残念なことに紙面が限られていますので、スタッフ全員を紹介することができません。今回はそのうちの一人、杉本美花さんを紹介しましょう。

杉本美花さんのこと

美花さんは、1978年生まれの25歳の女性です。わたしがカリフォルニア州、サクラメントにあるルドルフ・シュタイナー・カレッジでコーディネイトしていた「自然と芸術のプログラム」の、最後の年の教え子です。

人と関わることが大好きな美花さんはスタッフは勿論のこと、「いずみの学校」の子どもたち、父母、果ては、ヴィジターとしていらした方々の誕生日をことごとく憶《おぼ》えているという、特技を持っています。

以下、美花さんのことばです。

「わたしは6年前、小貫大輔さんの『耳をすまして聞いてごらん』（1990年ほんの木刊）を読んで、はじめてシュタイナー教育のことを知りました。その本には、小貫さんがボランティアとして働いていた、ブラジルの貧しい人々の暮らす街、モンティアズールの人智学活動の様子が書かれていました。

異国の貧しい人々のために、献身的に働いているドイツ人女性のウテ・クレーマーさんの生き方に大変心を打たれました。そして、いつかブラジルのファベーラ（貧しい人々の住む街のこと）にいって、彼女のもとで働きたいと思いました。

けれど、ウテさんの生き方と仕事の根底を支えている「人智学」が何であるかということを、わたしはまったく知りませんでした。ですから、ファベーラに行く前に、「人智学」を学ばなければならないと考えたのです。

そんなとき、サクラメントのルドルフ・シュタイナー・カレッジに、日本人のための特別なプログラムがあるということを知りました。…日本の文化を意識しながら、外国で「人智学」を学ぶ…という視点を、とても面白いと感じました。そのときは、そんな程度の興味しか持っていませんでした。けれど後になって、そのプログラムで学びはじめてから、日本の風土、歴史、経済、文化などを学び、同時に「人智学」を学ぶことがどれほど大切であるか、ということを知りました。

卒業プロジェクトとして、わたしたちは自分たちの手で脚本を書き、楽曲、歌、踊りなどを考案して、「古事記」を上演しました。「古事記」を「人智学」の視点から読み、理解しようとする作業は難しかったけれど、とてもやりがいがあり、おもしろかったです。あらためて、わたしの内の日本と日本人を強く意識しました。

ともあれ、わたしはブラジルへ行って仕事をしようと計画していましたので、日本人として学ぶべきことを学びたいと望んでいました。ですから、日本人の視点から「人智学」を学び、また同時に、日本について学び、考えることができる…そう考えて、ルドルフ・シュタイナー・カレッジの日本人のためのプログラムで勉強することに決めたのです。

そこで1年学んで…楽しいこともありましたが、苦しいと感じることのほうが多かったように思います。苦しかった原因は、…わたしの内に、十分に成長していない部分があるということに、気づいた…ことでした。

それ以前のわたしは、…世界をよく知っている、人間のことも分かっている…ように感じていました。「感じていた」だけで、本当は…世界のことをなにも知らず、人間についてもまったく分かっていなかったのに…なぜか、自信を持っていたのです。それは、きっとただの「強がり」であり、自信がなかったからこそ「弱みを見せまい」と虚勢《きょせい》を張っていたのですね。

毎日、インナーワークの授業を受け、「ゲーテによる自然観察」をし、オイリュトミーをし、農作業をし、絵を描き、コーラスをし、リコーダーを吹き…それは、人とそして自分と向き合う作業そのものでした。それをしたくなかったら、ドロップアウトして日本に帰らなければなりません。それはいやでした。

泣いたこともあります。クラスメートと対立したこともあります。先生に反発したこともあります。その1年の間に、自分としっかり向き合い、自分のことを知ったとは言えません。けれど、そのための途《みち》がどこにあるのか、その途をどうしたら探し当てることができるのか、そして、その途をどのように歩いたらいいのか…そういうことを知ることができました。そして、もっとも大切なこと…すべては、わたしがその道を「行く」か「行かない」のかを決めることだ…、ということが分かりました。

それでもわたしはすぐに決めることができませんでした。怖かったのです。その道を「行く」ことはとても大変だという予感がありました。自信がありませんでした。そんなに苦労しなくとも違う道を歩いて生きてゆかれそうな気がしました。

シュタイナー・カレッジで1年学んだ後、わたしはひとまず日本へ帰ってきました。シュタイナー・カレッジの仕事をやめて「ひびきの村」をはじめた大村祐子さんも、その夏日本に帰ってきました。

わたしはいつか、自分の内に力がついたとき、「ひびきの村」で働きたい、祐子さんの仕事の手伝いをしたいと思っていました。でも、「ひびきの村」で暮らすことは、「その途を行く」ことになるということを、うすうす感じていましたから、すぐに行くと決めることができませんでした。いつか「行く」ことになるにしても、その前に「人智学」を勉強して、他の「人智学共同体」で働き、たくさんの経験を積んでから…と考えていたのです。

わたしは、ブラジルのファベーラへ行って、ウテさんが始めた共同体で働こうと決めていました。が、その前に、一度は「ひびきの村」をこの目で見てみたいと思い、夏にワークショップをすると聞いたので、その手伝いをしようと思って1998年の8月に、「ひびきの村」を訪ねました。

「ひびきの村」のスタッフは祐子さんを入れて5人いました。そしてお手伝いをするボランティアが5人でしたか…。

たった10人で、はじめてのサマープログラムをするのですから、みんな朝早くから深夜まで働きました。それでも、疲れた顔を見せる人はいませんでした。それどころか、だれもかれもがいきいきと輝いていました。村を訪れる人のために、みんなが身を粉《こ》にして働いたのです。

その頃は、「ひびきの村」の事務所は町から遠く離れた海の近くの一軒家の中にありました。そこはスタッフの住まいも兼ね、そしてまた、ヴィジターも泊まっていましたので、てんやわんやでしたよ。

アメリカから帰ってきたばかりの祐子さんは、国道沿いの古い木造の2軒長屋に住んでいました。わたしはサクラメントで一緒に勉強した仲間といっしょに（彼女もボランティアとして手伝いにきていたのです）、その長家の一部屋に泊めてもらいました。

プログラムが始まる前には、会場の掃除と準備をし（農場の倉庫を使ったのです）、教材を揃え、参加者に出す昼食の材料を整え、その下ごしらえをし、そして、夜中に講義の準備をしている祐子さんや他のスタッフと一緒に働いて、「これは大変なところに来てしまった！　夏が終わったら、さっさと帰ろう。そして、ブラジルへ行こう」と心に固く誓いました。そう、わたしが想像したとおり、「ひびきの村」で暮らすことは「その途を行く」ことだったのです。本当に、何もないところから始めたのですから…パイオニアの仕事はどれほど大変なことであるかということが分かりました。

夏が終わり、わたしは予定通りブラジルへ行きました。そのとき、ウテさんのいるファベーラではボランティアを必要としていないということだったので、ひとまず他の人智学共同体で働き始めました。

けれど、そこの活動は、わたしが思い描いていたような「人智学活動」ではないように感じられました。というより、そこで暮らし、働いていた人たちの在り方が、「人智学」を生きているとは、とうてい思えなかったのです。がっかりしました。

その後、ウテさんを訪ねる機会もありましたが、わたしがそこで見たものは同じでした。わたしはまたまた落胆しました。ブラジルの「人智学共同体」には、わたしの求めているものはないように思え、ブラジルはわたしの場所ではないと感じました。

今考えれば、わたしが感じたものは、ブラジル人の気質と文化ゆえのものだったのだと思います。ですから、…ブラジルの人智学共同体は、人智学的な在り方をしていない…などということは決してないと思いますよ。すべては短絡的で、一本気で、融通《ゆうずう》がきかないわたしの気質が、そう思いこませてしまったのでしょうね。

けれど、根本的なことは、わたしの「高次の自我」はわたしが「その途《みち》を行く」ことを望んでおり、わたしが「行く途」は、ブラジルにはなかったのです。後になってわたしは気がつきました。

その後、わたしはアメリカを旅して日本に帰ってきました。日本に帰ってきて、最初にしたことは何だったと思います？　そうなんです。「ひびきの村」が懐《なつ》かしくて、電話をしました。

「日本に帰っているのだったら、夏のプログラムを手伝ってくれない？」と祐子さんに言われたとき、わたしが放浪の旅に出てから、もう1年も経っていたのだということに気がつきました。

…今度行ったら、わたしはきっと帰ってこないだろう…そんな予感がしました。そして、決められませんでした。でも、スタッフのみんながどれほど忙しいかということも想像できました。そして、寝ずに働いているみんなの姿が目に浮かび、気がそぞろになるのです。

わたしは「ひびきの村」に来ました。夏だけお手伝いするつもりで…。

「ひびきの村」で働くことは喜びでした。子どもたちの明るい笑い声、輝く笑顔、真剣に学ぶ様子、全力で走る姿…そして、大人の参加者が日が経つに連れてほぐれてゆき、開放され、自由になってゆく様子を見ているうちに、「わたしもみんなのようになりたい」と思うようになりました。そして、夏が終わる頃には「必要とされるならここに残ろう」と、考えていたのです。

祐子さんと話す前の晩は、よく眠れませんでした。…とうとう「その途」を歩きはじめるのだ…と思って！

「農場で働く人が必要なの」と、祐子さん、おっしゃいましたよね。「どこでも、必要とされる所で働きます」と、答えたのをわたしは憶《おぼ》えています。それから祐子さんはこうも言われました。「いつか、農場で働く人が来たら、あなたの本当の使命が果たせる仕事をしてもらえるようにするから、それまで農場でこのみさんを助けてね」

それから2年の間、農場で働きました。そして、去年、シュタイナー・カレッジで同級生だった真鍋奈緒子さん（彼女は、日本人プログラムで勉強した後、カレッジのバイオダイナミック農場で2年間、実習したのです）が農場の仕事をするために「ひびきの村」へ来ました。そして彼女に惹《ひ》きつけられるように農場で働くことを希望する人が次々とやって来ました。

農場でのわたしの仕事は終わったようです。そして、わたしは今年から、ヴィジターのお世話を専任することになりました。これまでは、「ひびきの村」にお出でになりたいと希望される方のご都合に合わせて、それぞれのスケジュールを作っていましたが、この4月から、毎月1回、週末にヴィジターのための特別なプログラムを組むことにしました。「ひびきの村」を十分体験していただくことができるプログラムです。「こどもの園」「シュタイナーいずみの学校・低学年部、高等部」「リムナタラ農場」「えみりーの庭」「事務局」などを見ていただき、芸術体験、講義、農場の実習、スタッフや父母との懇《こん》談《だん》、夕食会などを予定しています。

ご希望によって、シュタイナー学校の生徒の家庭にお泊まりいただくことも、近くの温泉にお泊まりいただくこともできます。有珠山《うすざん》や昭和新山、洞爺《とうや》湖《こ》にも足を伸ばしていただけたらいいですね。ここには、素晴らしい自然がいっぱいありますから。

ヴィジター・プログラムのすべてを委《まか》されたので、嬉しくもあり、緊張もしています。でも、たくさんの方々に出会える仕事なので、とても嬉しいです。わたしは根っから人と関わるのが好きなんです。はじめて会う人と話すことも、一緒にいることも、全然苦にならないんですよ。

その人がどんな人なのか知りたくて…ついつい

くさん質問してしまうんです。ええ、誕生日を聞くことも癖《くせ》になってしまって…。

「ひびきの村」のことを知りたい、「ひびきの村」を体験したい、「ひびきの村」でのんびりし過ごしたい、「ひびきの村」のスタッフと話をしたい、「シュタイナーいずみの学校」を訪ねたい、子どもたちに会いたい、父母と話をしたい、祐子さんに会いたい、「ひびきの村」に移住したいのだけれど決められない…いろんな人が来ます。皆さんの希望に添《そ》えるように、一生懸命仕事をしたいと思います。

シュタイナーいずみの学校

「シュタイナーいずみの学校」には、フルタイムの教師が10人、パートタイムの教師が7人、事務職員が2人働いています。だれもかれもが、強い動機と高い理想を持った素晴らしい方々です。

彼らが自分のことを真っ先に考えて事にあたっている姿を、わたしはほとんど見たことがありません。いつも生徒たちのこと、同僚のこと、学校のこと、父母のこと…を優先して考えています。そして、献身的です。（こういうことは、身内を誉《ほ》める聞き苦しいことばでしょうか？）

許されるなら、すべての先生を紹介したいのですが紙面が限られています。今回は3、4年生の担任をしている藤岡貞雄さんを紹介いたしますね。

藤岡貞雄さん

「貞雄君、今度の「ひびきの村」だよりに、あなたのことを書きたいの。いいでしょう？　インタヴューさせて！」と言うと、嬉しそうに、にこにこしながら、彼はこう言いました。「えーっ、そうなんですか！　いやー、えー、うーん…。いいですよう―。エヘヘー。（目を八の字にさげながら）いつ話しましょうか？　ぼくはいつでもいいですよ。エヘヘー」

以下が、貞雄君の話です。

わたしがはじめて「ひびきの村」を訪れたのは1998年のサマープログラムに参加したときでした。そして、次の年からは参加者としてではなく、スタッフとしてサマープログラムのお手伝いをするために来ました。

わたしは当時名古屋に住んでいました。その頃シュタイナー教育を実践する「やまさと保育園」で、総務兼保育者として働きながら、仲間と共に、シュタイナー学校の設立運動を展開していたのです。シュタイナー教育が今の時代に必要とされる本質的な教育実践であることを、学生時代から確信していましたので、わたしはいつか、海外で学び、シュタイナー学校の教師になりたいと夢見ていました。

名古屋にいたときは、学生時代から、シュタイナー教育の勉強会や講演会、さまざまな講座を仲間と共に主催したり、学童保育を立ち上げたりしていました。

(あなたが企画したワークショップに、わたし、呼んでいいただいたことがあったわね)

そうでしたね。あの夏はとっても暑かったですね。

(そうだったわ。あれからわたし、夏にはどこにも行かず、「ひびきの村」でサマープログラムに専念しよう、って決めたのよ)

さて、そんな活動をしているなかで、多くの素晴らしい出会いに恵まれ、人智学運動が広がっていくことを肌で感じていたのです。いよいよ、日本にもそういうときが来たんだ、って嬉しかったですね。

けれども日に日に忙しくなり、わたしはいつの間にか、仕事の中に埋(うず)もれていってしまいました。そして、わたしは本来の自分のあるべき姿と自分の歩む道を見失いかけていました。

考え、迷った末、わたしは海外へ学びに行くことをようやく決意しました。

けれど、それまで長い間忙しい日々を送り、世界のこと、自分のことをゆっくり、真剣に考えることができませんでしたので、海外に行く前に、「そういう時間をつくろう、自分を見つめ直そう」…そう考えたのです。「そのために環境を変えてみよう。

そうだ、『ひびきの村』へ行こう!」と思いつきました。「ひびきの村」でゆったりとした時間を過ごし、海外へ行く準備をしよう、と思ったのです。

「ひびきの村」には同世代のスタッフがおおぜいいたので、彼らと共に働くことができることに魅力を感じていたことも「ひびきの村」に行こうと決めた動機の一つでした。

わたしはこうして2000年の夏に「ひびきの村」へ移住することを決めたのです。まとめた荷物を先に送り、わたしはオートバイに乗って、ときにはフェリーで、ときには道路を走って気ままな旅をしながら北海道へやってきました。

室蘭でフェリーから下り、海沿いの国道を伊達に向かって走っていたとき、海風に誘われてオートバイを止め、砂浜に下り立ちました。

海、空、風、砂、貝殻、カモメ…みんなきらきら輝いていました。心も体も洗われるようでした。わたしの未来も輝いて見えました。「ひびきの村」で生活すること、それから海外へ行って勉強すること…すべてが約束されていると感じました。

「ひびきの村」へ移ってきてから最初の冬、…「いずみの学校」でクラス担任をして欲しい…という要請を受けました。それは、まったく思いもかけなかったことでした。もっとも、そのときわたしはすでに、「いずみの学校」で2年生の体育を教え、必要とされたときには3、4、5年生クラスのアシスタントをしていたのですが…。

…クラス担任になる、このわたしが…？

わたしは正規の教員養成のトレーニングを受けたことがないし、わたしにどんな授業ができるかだれにも、自分自身にも分からないのに…それなのに多くの人がわたしに期待と信頼を寄せてくれました。

…なぜ、みんなはわたしに信頼を寄せてくれるのだろうか？…わたしは悩みました。

ある日のことです。わたしはその日、朝から自分の見る情景がいつもと違っていることを感じてました。学校に来ると、教室が光り輝いているように見えました。…この学校に縁があるんだなあ…と思いました。

…わたしの中に埋《うず》もれている力がきっとあるのだろう。わたしには見えないその力が、きっとみんなには見えているのだろう。だったらその力を信じてみよう！…。そして、わたしは担任になることを引き受けようと決めたのです。

わたしの内にある力を生かすことができる道を与えていただいて感謝しています。「ひびきの村」に来てから、学びのプロセスにいることをいつも感じます。

わたしが「ひびきの村」に来ることになった経緯(いきさつ)、そして、残り続けている理由はそんなところです。多くの人と出会い、多くのことを学び、許しと愛を体験することができる…わたしにとって「ひびきの村」はそういう存在です。それにわたしは惹《ひ》きつけられているのだと思います。

貞雄君はどんなときにも、どんなことも全力を尽くします。「…少し手を抜いてもいいのに…」とわたしが言っても、決してそうはしません。ですから、ときどきダウンしてしまうのです。今度も、インタヴューをすることになっていた日に、彼は寝込んでしまいました。

原稿の締め切り日は迫ってくるわ、3月21日からの講演日程が近づいてくるわで、わたしは気が揉《も》めていました。そして、とうとう話ができずじまいでした。

3月20日、教員養成プログラムの終了式を4時20分に終え、わたしは4時46分伊達紋別駅発の列車に乗るために駅に向かいました。改札を通ろうとしていたわたしの目に、封筒を片手に急ぎ足で駅に向かって来る貞雄君の姿が目にはいりました。

「遅くなってすいません。書いてきました」と言って、彼は原稿を渡してくれました。それをもとにして、ようやく東京で書き上げることができました。

なにごとにも真摯《しんし》に向き合う、全力を尽くす、誠実、愛が深い、正直…そういう彼に、「ひびきの村」のみんなが惹《ひ》かれています。

4月から、わたしの仕事の比重を高等部と教員養成、そして、「ひびきの村」の運営に移すことを、わたしは決めました。そして、何よりも大切な「教育から社会を変える」ためのさまざまな新しい仕事に全力を尽くそうと考えています。それもこれも、貞雄君が「いずみの学校」の中枢《ちゅうすう》として働いてくれていることが可能にしたことです。本当にありがたいことです。

貞雄君本人が話していましたが、彼はシュタイナー学校の教員になるためのトレーニングを受けたことがありません。それでも、わたしは…彼は教師として子どもの前に立つ用意ができている人だ…と確信しました。なぜなら、彼は生きてきた半生は、ずーっとシュタイナー学校の教師になるための準備に費やされていたのですから…。

それが教員として最も重要なことであるのです。…何をどう教えるかということが問題なのではありません。そうではなく、教師がどう生きているかということが問題なのです…

シュタイナーのこのことばがどれほど真実なものであるか、貞雄君はわたしに示してくれました。

…皆さまに「ひびきの村」をもっと知っていただくために、スタッフを紹介をしよう…と考えたとき、わたしはもっと簡単に書くつもりでした。そしてスタッフのみんなを紹介したいと考えていました。

けれど、例によって書き始めると簡単に済ませることができなくなってしまいました。なぜなら、「ひびきの村」で暮らす人たちはみんな、さまざまな困難と苦悩の末、…ここで暮らす…ことを決意した人たちなのです。その決意に至るまでのことをお伝えしようと思うと、とても簡単に書くことはできませんでした。

そんなわけで、今回は二人を紹介するにとどまりましたが、次回を楽しみになさっていてください。

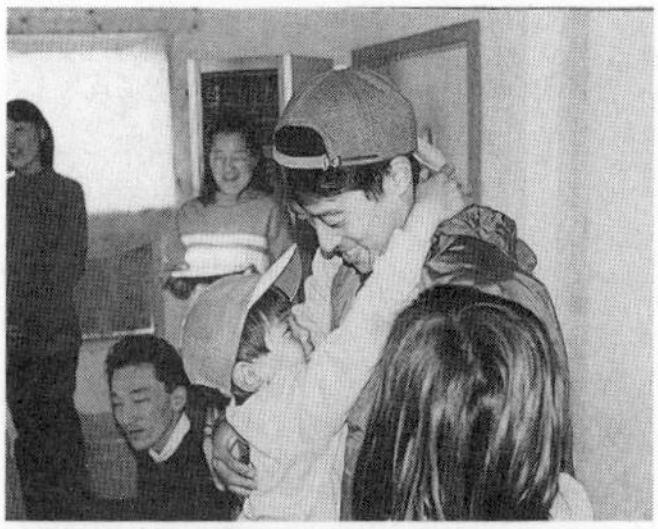
生徒に人気の藤岡さん。

メイポールダンスで、杉本さん。（左）

アセンブリーでの藤岡さん。（黒板の前）

事務局にて、黙々と…。（杉本さん）

「ひびきの村」からのお知らせ ―サマープログラム―

長い夏のひとときを、日常の生活から離れて北海道の自然の中で過ごしませんか？　そして、さまざまなことをご一緒に体験しながら、子どものこと、わたしたち自身のこと、また日本と世界の現状と未来について学び、感じ、考え、話しましょう。その体験は、わたしたちの内に「熱と光と愛」とをもたらし、「善きもの」をはぐくんでくれるにちがいありません。それによって、きっとわたしたちの目標が明らかにされ、わたしたちが歩いて行く道が示され、日本と世界のあるべき姿が描き出されることでしょう。

サマープログラムを体験されることによって、子どもたちとわたしたちの未来を明るく照らす「希望の灯」を、皆さまが手にされることを、わたしたちは心より望んでいます。どうぞその「希望の灯」をあなたの場所にお持ち帰りください。そして、共に生きる方々と分かち合ってください。そうしていつか、あなたが手にされた「希望の灯」が日本中を、世界の隅々までも照らす日が来ますように。

大人のためのプログラム

◎家庭でできるシュタイナー幼児教育

A：7月22日（月）～25日（木）
B：8月15日（木）～18日（日）
主な講師　大村祐子（講義）小野里このみ（こどもの園の生活）

「シュタイナー教育」は、「シュタイナー幼稚園」や「シュタイナー学校」がなければできないとお考えですか？　いいえ、そんなことはありません。あなたが「世界を感じる心と、世界を考える力と、感じ考えたことを行う手足」を持ってさえいたら、「シュタイナー教育」は、どこでもできるのです。そうです！　あなたの家庭でも…。

「自信がない」とおっしゃるのでしたら、ぜひ、「世界を感じる心と、考える力と、感じ考えたことを行う手足」を、あなたの内に育てましょう。「うん、自信があるわ」とおっしゃる方…ご一緒に楽しみませんか？

◎教師のためのシュタイナー教育

7月28日（日）～31日（水）
主な講師　大村祐子（メインレッスン、講義）中村トヨ（水彩）

あなたは、「このままでは日本も世界も破滅してしまう」と憂えていらっしゃるでしょうか？　そして、「世界を破滅から救うためには、教育を変えなければならない」と、お考えでしょうか？

「ひびきの村」で暮らすわたしたちもそう考えています。わたしたちの手で、教育を変えましょう。それによって、社会を変え、世界を破滅から救いましょう。

今行われている教育の、何が問題なのか？　それをどうしたらよいのか？　はたして、シュタイナー教育はその「問題を解く鍵」となり得るのだろうか？　それはどうしてなのか？

ぜひ、ご一緒に学びましょう。子どもたちの力となり得るような、実践的な学びをいたしましょう。

◎父母のためのシュタイナー教育

8月3日（土）～6日（火）
主な講師　大村祐子（講義）野田祥美（メインレッスン）

「シュタイナー教育を受けさせたいけれど、近くに学校がないから」と言って、諦めてはいませんか？　諦めることはありません。学校がないのなら、あなたが教えたらよいのです！

「そうは言っても、何をどうやって教えてよいか分からないもの」では、ご一緒に勉強しましょう。「でも、むずかしいんでしょうねえ？」そう、シュタイナー学校の教師になるのはむずかしいですね。でも、あなたは「家で、子どもに少しでもシュタイナー教育ができたら」と考えていらっしゃるので

●お問い合わせ、お申込みは「ひびきの村」事務局まで　0142-21-2684（TEL・FAX）

しょう?

美しいものに感動しましょう！　真実なものを大切にしましょう！　貴いものを敬いましょう！　善きものに従いましょう！　正しい行いをいたしましょう！

わたしたちがそう生きること…それが真のシュタイナー教育なのです。

「それがむずかしいのよ！」とおっしゃいますか？　そうですね。本当にむずかしいことですね。けれど、一人ではできないことも、同じ志を持つ人と一緒にしたら、できることもあります。ご一緒に学びましょう！

◎芸術を体験する

A：8月9日（金）～12日（月）
B：8月21日（水）～24日（土）
主な講師　大村祐子（講義）ピーター・ニュートン（音楽）

豊かに生きたい！　みずみずしく生きたい！　いきいきと生きたい！自分らしく生きたい！…そう願っていながら、「でも、どうしたらできるか分からない」…とあなたは途方に暮れてますか？

あなたがいつも…美しいものに感動し、真実なものを大切にし、貴いものを敬い、善きものに従い、正しい行いをすることができたら…あなたの感情は安らぎ、あなたの思考は光を放ち、あなたは世界と調和して生きることができます。そして、それによって「豊かに生きたい！　みずみずしく生きたい！　いきいきと生きたい！　自分らしく生きたい」というあなたの願いが実現するのです。

それを可能にするもの…それは「芸術」です。

さまざまな色が創り出す美しい世界…水彩画。さまざまな動きがいきいきとした生命を生み出す…オイリュトミー。さまざまな音が心地よい調和を響かせる…コーラス。そして空間ダイナミックス、クラフト…。

あなたの生活の中でできる「芸術」をぜひ体験なさってください。

※　以上のプログラムにはすべて〈1歳～3歳までの託児プログラム〉〈4～6歳までの幼児プログラム〉〈小学生低学年のためのプログラム〉〈小学生高学年のためのプログラム〉を併設しております。お母さん、お父さんが〈大人のためのプログラム〉に参加されている間、お子さんは〈子どものプログラム〉に参加することができます。

◎より良いパートナーシップをつくるために

A：7月25日（木）～28日（日）
B：7月31日（水）～8月3日（土）
C：8月6日（火）～9日（金）
講師　アンドレアス・ベズーフ（オイリュトミー、講義）

生活を共にするパートナー、仕事を一緒にするパートナー、共に市民活動を志すパートナー…わたしたちは生活のさまざまな局面で、さまざまなパートナーを持っています。強く、深く、そして緊密なパートナーシップは、わたしたちに喜びと楽しみと幸せをもたらします。けれど強く、深く、緊密な関係であるがゆえに、また悲しみや苦しみ、困難をもたらすことも多くあります。

「より良いパートナーシップとはどんなものなのでしょう?」「どうしたら、より良いパートナーシップを持つことができるのでしょうか?」「どうしたら、より健康的、建設的なパートナーシップを築くことができるでしょうか?」

治療オイリュトミストのアンドレアス・ベズーフと共に、オイリュトミー、会話、絵画を通して、パートナーシップについて考え、より良いパートナーシップを築くためのエクスサイズをいたします。

喜び、楽しみ、慰め、嘆き、悩み…多くのことを共有し、そして支え合い、励まし合い、互いの存在を誇りにできるようなパートナーシップを築くことができたらいいですね。それがいつか、国同士のパートナーシップに発展し、世界が平和になるように…。

そのために、わたしたちはわたしたちの身近なパートナーと、より良い関係をつくることが必要なのですね。

◎治癒教育

8月28日（水）～8月31日（土）
講師　アンドレアス・ベズーフ（オイリュトミー、講義）

ルドルフ・シュタイナーは「教育のすべてが治療である」と言いました。わたしたちのだれもが、身体と心のどこかでバランスを欠き、調和を崩しています。また、機械やコンピューターに囲まれた生活を続けていることで生命の力が衰弱しています。そして、自然の営みとかけ離れた在り方をしているために、感覚の力を失ってしまいました。

バランスの力は人との関係をつくります。生命の力はわたしたちに生きる衝動を与えます。触覚は世界とのより良い関係をもたらします。

高度に発達した文明の中で、失いつつあるさまざまな力を、わたしたちの内にとり戻すために、どうしたらよいか…子どもたちのために、わたしたち自身のために、ご一緒に学びましょう。

※以上のプログラムの参加費は　３８，０００円です。
ご夫婦で参加される場合、おひとり分は半額になります。
詳細はお問い合わせください。

※すべてのプログラムの参加費には教材費、昼食代が含まれています。昼食は「ひびきの村」の「リムナタラ農場」でとれた無農薬有機野菜を中心に、いずみの学校の父母、子ども達が用意したものを召し上がっていただきます。

子どものためのプログラム

◎託児プログラム（母乳を飲んでいない1歳から2歳のお子さん）

シュタイナー幼稚園「こどもの園」の教師と父母が、お父さん、お母さん方が大人のプログラムに参加されている間、お子さんをお預かりいたします。「シュタイナーいずみの学校」の子どもたちも手伝います。歌を歌い、お話を聞き、おもちゃで遊び、お散歩し、おやつをいただき、お昼寝をしてお父さん、お母さん、どうぞ安心して勉強してください。

◎幼児のためのプログラム

「こどもの園」、「シュタイナーいずみの学校」の教師と実習生が担当します。

リムナタラ農場の丘の上にある「こどもの園」でお話を聞き、ライゲンをし、水彩画を描き、お散歩をし、シュタイナー幼稚園を体験します。

夏の数日を夢のように過ごした思い出は、子どもさんの心にきっと長く残ることでしょう。

◎小学生低学年のプログラム（小学1年生から3年生）

「シュタイナーいずみの学校」の教師と実習生が担当します。

メインレッスンの後には、さまざまな芸術の授業があります。オイリュトミー、リコーダー、フォルメン線描、水彩画、手芸、クラフト…心で感じ、手足を動かし…子どもたちは存在のすべてで…芸術そのものである授業…、を体験することでしょう。

午後は海へ、山へ、湖へ出掛けて自然の中で過ごします。

◎小学生高学年のプログラム（小学4年生から6年生）

「シュタイナーいずみの学校」の教師と実習生が担当します。

自我が芽生え、世界に目を向けはじめた子どもたちの内に、少しずつ思考の力が育ち始めます。そんな子どもたちに鉱物、植物、動物の世界を示し、子どもたちがいきいきと生きるための衝動が生まれるように促します。

メインレッスンの他に、さまざまな芸術と自然を体験します。

※すべての参加費は　３１，０００円です。
兄弟姉妹で参加される場合の割引があります。
詳細はお問い合わせください。

※子どものプログラムは原則として、大人のプログラムを受ける方が同伴されるお子さんを対象にしております。

※すべてのプログラムの参加費には教材費、昼食代が含まれています。昼食は「ひびきの村」の「リムナタラ農場」でとれた無農薬有機野菜を中心に、いずみの学校の父母、子ども達が用意したものを召し上がっていただきます。

◎サマーキャンプ（小学4年生から中学3年生）

8月21日（水）〜24日（土）
費用　48，000円（食費、キャンプ3泊、千歳空港までの送迎費、保険代を含みます）
主なリーダー　大村次郎　米永宏史　杉本美花　佐藤邦宏

洞爺湖畔のキャンプ場で自然を体験します。

●お問い合わせ、お申込みは「ひびきの村」事務局まで　0142-21-2684（TEL・FAX）

ひびきの村からのお知らせ

2002年度

朝は、キャンプ場を清潔に美しく保つために掃除をすることから始まります。

昼は湖で泳ぎ、カヌーを漕ぎ、山に登り、尾根を歩き、鉱物、植物や動物を観察してスケッチをします。そして夜は星空を仰いで神話を聞きます。

勿論、食事は自分たちの手で作ります。

会場：サマーキャンプ以外のプログラムのすべてを、「ひびきの村」の施設で行います。

宿泊：伊達市内の温泉宿と、洞爺湖畔のホテルをお選びいただきます。

交通：千歳空港から会場まで直行の「バス往復ツアー」とそれを含む「千歳着発飛行機往復ツアー」を企画しております。どうぞご利用ください。

お問い合わせは（株）大陸旅遊　担当:大塚辰徳
TEL03・3376・2511
FAX03・3376・5280

※大塚さんは、お子さんを「こどもの園」と「いずみの学校」へ通わせている父母のお一人で、今回のツアー企画による収益の一部を「いずみの学校」へ還元してくださいます。

※予定は変更される場合があります。詳しくは「ひびきの村」事務局へお問い合わせください。

サマープログラムは、「ひびきの村」のスタッフは勿論のこと、「リムナタラ農場」「えみりーの庭」「こどもの園」「シュタイナーいずみの学校」に関わるすべての大人と子どもが力を合わせて行うプログラムです。皆さまがお出でくださることを、心より楽しみにお待ちしております。

自然と芸術と人智学のプログラム　第二期

9月17日（火）～12月20日（金）14週間

大人のためのシュタイナー教育です。自然と芸術を体験しながら、シュタイナーの思想を学びます。

教師のための連続講座（東京）…講師　大村祐子

第1回　9月21日（土）と22日（日）予定
第2回　10月19日（土）と20日（日）予定
第3回　11月23日（土）と24日（日）予定
第4回　12月21日（土）と22日（日）予定

「教育によって社会を変える」ことを目指す方々とご一緒に学びたいと考えました。詳細は次号、通信講座⑥（7／1号）で発表いたします。

ビジタープログラム

5月10日（金）と11日（土）10日は「いずみの学校」の「端午の節句」
6月7日（金）と8日（土）8日フラワーフェスティバル
7月19日（金）と20日（土）19日は「いずみの学校」の学習発表会

この他に、リムナタラ農場と「えみりーの庭」での実習、大村祐子による講義、スタッフ、父母との懇談などを予定しています。

社会運動家を育てる「ミカエル・カレッジ」

10月中旬（予定）

フィリピンの人智学運動家、ニカノール・ペルラス氏による集中講座を予定しています。シュタイナーの思想である「社会三層構造」を実践する市民運動家を育てることは、急務であると考えているペルラス氏によるものです。

Web上でのひびきの村ウィークリーニュース発信！

2002年5月1日から、スタッフが毎週水曜日に近況を綴ります。

※申し訳ありませんがメールによる返信は出来かねます。ご了承ください。

「ひびきの村」ホームページhttp://www.phoenix-c.or.jp/~hibiki
Eメールアドレス　hibiki@phoenix-c.or.jp
「ひびきの村」事務局　TEL・FAX0142・21・2684
〒052-0021北海道伊達市末永町47須藤ビル3F

心の教室（第3期）5

［読者のおたより］で構成する、編集部と読者間の交流ページ

先号でおのせできなかったご意見、今号に寄せられたアンケート等、より大勢の方々のお便りを……と、少しリキんで展開しますが、ページがちょっと足りなくてスミマセン！　また次号で。

☆会員の皆様方のアンケートやFAX、読者カード、お手紙から、毎号掲載させていただいています。
☆次号、7月1日発行予定号で、第3期の終了となりますが、引き続き、いつでもお便り、FAX等をお送り下さい。「心の教室」は、これからも皆様と「ほんの木」の交流の場です。
あて先〒101-0054　東京都千代田区神田錦町3-21　三錦ビル
TEL03-3291-5121　FAX03-3295-1080　「ほんの木」編集室

イラスト／今井久恵（ほんの木）

1月10日号のお便り

前号入稿後にいただいたアンケート等より……

■公園で遊んでいた3歳の娘が、突然あおむけに寝ころがり、ジッと動かなくなりました。「どうしたの？」と聞くと、「空を見ているの」と答えたのでビックリ。「川みたい」とも。

散歩中に小さな鳥の声にハッとして目を輝かせ、「チュンチュン！」と叫びます。つきつめると、この感性こそ生きているということではないか？ 老、病、苦、どんな時にもこの感動さえあればOKの様に思います。

（静岡県／中島和美さん）

（中島さんからは、昨秋、この通信講座等のリーフレットをたくさん配布していただき、その際にお感じになったご提案をお手紙でいただきました。もっと入門的なわかりやすい本があれば……とのご意見も添えられており、シュタイナーへの予想以上の壁も痛感されたとのことでした。中島さん、本当にありがとうございます。貴重なご意見、参考になりました。そして、中島さんのような多くの方々に支えられ、この大村祐子さんの通信講座が広まったことに、深く感謝いたします。これからもどうぞご支援ください。　（編集部／柴田）

■難しいシュタイナーの思想を、とてもよくかみくだいて理解しやすく書かれている。私もシュタイナーの思想を自分の思想として生きたいです。日本語訳でおすすめの本がありましたら教えて下さい。このハガキは２０００年度の入会とな

っているのですが2002年度の入会はあるのでしょうか?
――読者のおハガキより――　（大阪府／Eーさん）
（シュタイナー関係の翻訳本は、ただ今小社「ほんの木」で編集中の『シュタイナーに学ぶ　本のカタログ』に日本で発行されたほぼすべての本212冊を、一冊1頁を使い、内容を簡単に紹介した形でチェックできるよう工夫し、使いやすいカタログにまとめつつあります。どうぞもうしばらくお待ち下さい。ジャンル別に整理し、どのような方々にも、ご自分の求める方向のシュタイナー関連本が見つけられるように、西川隆範さんのご協力を得て作られています。6月早々には……とエネルギーと体力をふり絞ってやっています。
また、2002年……第4期は未定です。大村さんのスケジュール、体調等を十分に優先して、どのような方向にするかを検討中です。次号でご報告いたします。）　（編集部）

■NYテロから、私はずっと激怒していました。これまで武器を売っていたアメリカが、リベンジ等、自国を正当化すると怒っていたのです。少し落ち着いた所で、大村さんの本を読み始めて、平和な境地で見られていることで自分が恥ずかしくなりました。〝世界をあるがままに認識できなくなっている〟というところに、ドキッとしました。私は自分で自分を不自由にしているとしたら……それはとてもイヤだ、残念だと思いました。生きる希望がもっと欲しいと思いました。
――読者のおハガキより――　（香川県／TTさん）

■先ず、シュタイナーの本に出会えたことに感謝します。誰もが向上したい、完成されたゴールへ目標を置きたいと願いながら生きていると思います。けれど自分の領域の精神的な分野で、一人でもがいても、そうスムーズに上手に切り換えたり、発想できないのですよね。精神の向上を目指した素晴らしいシュタイナーの発想に出会えたこと、それをやさしく解説して頂く大村さんの講座に出会えて、とてもうれしく思います。毎回、本を開くとき、ドキドキします。
それと共に善き道を探して歩かれている方々が、いつも居るんだと思うと孤独感が癒されて楽しい気分になります。どんなことにもめげず、講座も持続して頂きたいし、こういった主旨の運動がたくさん起こって、日本が変わっていけたらと願わずにいられません!

徳川幕府300年の名ごりでしょうか、上から申し渡されることには素直でも、私見を貫いたらいけないというような、束縛もあります。日本は敗戦と共に、一から文化も思想も積みあげてゆくべきでした。同じ敗戦国のドイツなどは教育面でも、とても良い発展をしたと思います。

けれどもこの不況の折りに、日本も静かに強く私達の国民性を取り戻して築きあげてゆく良い時期ではないでしょうか。申しわけないけれど、今の日本に貧しい生活はマッチしていると思います。学力が低くても、特別に何か優れていなくても大丈夫という社会にしてゆかないと、どんどん低年齢にも、「悪」が下っている気がします。娘を連れて、どこか安全な教育のある所に逃げたくなりますが、一人ひとりの意見を持つこと、教育を、社会を変えてゆくエネルギーにすることが重要事項と考えています。　（千葉県／加藤千里さん）

（日本を清貧の国に、教育を社会変革のエネルギーに。個人の意見が尊重される、自立した市民社会に……、同感です。ただ、国民性を取り戻す……というよりも、国民性＝新しい文化。特別、何か優れてなくても大丈夫という安心感のある社会を、新しく創造すること、それが加藤さんのご意見ではないかと考えますが、よろしいでしょうか）（編集部／柴田）

■短期間でよくアフガニスタンのことを調べあげていることに感心しました。私達がアメリカ大統領という職にあったら今のアメリカと同じ選択しかできなかったと思います。我々は外野で責任をとらないから、いろいろ理想的なことが言えるのではないでしょうか。

仏教もセルフイメージも、神道も相田みつをも、シュタイナーも、言ってることは皆共通点があるようにこのごろ感じています。（沖縄県／石渡一義さん）

（…私達が…皆「アメリカと同じ選択」とは思いませんが…。さて、前号、ニカノール・ペルラスさんの理想に燃える講演録、いかがだったでしょうか。幾たびも死線を越えてきた、フィリピンの、人智学を生きる運動家です。皆様のご意見も、ぜひお聞かせ下さい）（編集部／柴田）

■今までも感じていたことですが、とにかくシュタイナーの思想を基に、現実的に私が何を、どう考え、行っていくかを一歩一歩進んでいけるように、丁寧にやさしく、具体的に書いて下さって本当にスゴイです。私にとって座右の書となっていて、アンダーラインを引いて、今私がなすべきことは何かを確認し、認識を強めるために何度も読んでいます。

シュタイナーのテキストでないという意見もあるようですが、この通信講座は、シュタイナーの言っていることの解説本ではなくて、大村祐子さんがシュタイナーの思想を生きる上で、どう感じ、どう考え、どのように決め、行為したかという、人智学を生きる人の証だと思っていて、そのように読んでいます。そして、そのことが、私が何をすべきかを考える上での指針になっています。

「心の教室」では、いろんな方たちの意見を読むことができてうれしいです。それぞれの意見は、その誌面上で掲載されただけに止まらず、読んでいる私の中で生き続けています。その中で自分の考えも課題も、まとまりつつあります。

そのようなことが、このコーナーを読んだ人の中でも起きているのではないでしょうか。この「通信講座」を読んでいる方たちがそれぞれの場所で、「世界にとって必要なこと」をすると決めていることがわかります。力づけられます。ありがとうございます。（今井久恵さんのイラストも素敵です）

今よりもっと良い社会にするためには、まず個人（自分）が変わること、それもその変わることを目的とするのではなく、世界をより良くするために、自分の変革が必要であることを真に認識し、行為する。私の場合、小さなことからですが、毎日、その日他者に帰依したことが何かあったか、一日を振り返り、確認すること、常に「自分がしたいことでなく、世界が必要としていることを、仕事とすること」をできるだけ認識することなどです。

世界平和を真に探求している人、グループが、人智学を越

えてつながり、大きな社会運動にして、社会を変えられることを願って。（北海道・ひびきの村／小野里このみさん）

（小野里さんは、ひびきの村「こどもの園」の先生です。『ひびきの村シュタイナー学校の模擬授業』の幼稚園の部の生活と執筆を受け持って下さいました）（編集部）

■食べもののことにはじまって、近所の人たちとの子育てのちがいはよくあることだ。現代は親の責任が大きすぎて、もうアップアップしそうだ。しかしそれは考え方が足りないからなのだ。そのためには学ばなければならない。その間にも子供は成長していってしまうが、あせらないでおこう。そのための勇気を大村さんがくださったような気がする。

ありがとうございます。（千葉県／浅野智子さん）

■「エゴイズムを克服する」。これは最近の私の大きな課題だったのでタイムリーでした。人に何かを話す時は、「その内容の動機は…？」と考えてみると、相手に自分を認めさせたいという思いが強いのではないか。相手に自分を良く見て欲しいという思いが出発点になっていることが多いのではないか、と考えてしまうことが、ここ2～3か月多かったのです。

私の主人や、昨年亡くなった姑は、話を聞いていて、そういう「欲」がないので、余計に心のそういう真を見つめ直したかったのです。そういった点で、本当に今回のテーマはありがたかったです。（中略）

今回は憲法について考えさせられました。これも私がいろいろな本を読んだ限りでは、憲法の作られ方自体に問題があったと思うし、そういう点ではもう一度考え直した方が良い。もちろん9条は改憲されるべきだというのが私の考えです。

誰の偏見も入らない歴史を学ぶという機会があれば今よりは争い事がなくなると思うのですが。そして私は、愛国心というものがとても大切だと思うのです。自分の国の良さを知り、自分の国を愛せない人が、他の国の人に愛を持つというのは難しいと思うからです。（茨城県／松本八千代さん）

（日本をより良い国にする、という視点でのご意見でした。大村さんが常にメッセージしている、シュタイナー思想の帰結点、「他者に帰依すること」と、「自分の国を愛せない人が……」の部分とが、私にはどうも一致しないようにも思えるのですが。有事法制など少なくとも今の日本を単純に愛せる日本人に、私はなれそうもありません。私の理想と、あまりにもかけはなれた社会だからです。また、私の多くのNGOや市民運動家の知人は、世界に活動が広がっています。それにしても、こうした多様なご意見が本音で語られることに、従来にないシュタイナーのメディアとして、大村さんがあえて「大人のためのシュナイター教育講座」と位置づけた意味が伝わってきます。次号ではせっかくなので、もっとページを用意したいなあ、と考えています）（編集部／柴田）

■子どもの心が落ち着く方法が学べるといいなと「シュタイナー」についてあまり知らずに講座を申し込んだ3年前。3年間、定期的に大村祐子さんの文章を読んでいるだけなのですが〝我が子に止まらず〟、世の中のたくさんの子ども、そしてその子たちの暮らす様々な環境にも「思いをめぐらす」

必要があると気づいたこの頃です。子どものことを学びたいと思っていた私ですが、私のことをもっと深く知りたいと思うようにもなりました。「理想を探しつづけた十代のわたし」のページは、そんな私にとってもピッタリでした。一番上の娘が15歳なので、最近こういった話題でケンカにもなります。今度、娘が落ち着いた気持ちの時に、少し話してみたいと思います。「お母さんの初恋はネ……」と。

2人の娘が「不登校」で、この6年を家で過ごしています。何をどうしたら——ずっと考えていますが、まず家から出ることに不安な子の不安をどうしたら良いのか……。学校へ行ってないというだけで、同級生からも「社会に適応できない」「いい人生を送れない」と言われて悲しい思いもしました。『良い学校を出て、良い会社に入るのが最良の人生』という考えの人がとても多いのに、今さらながら驚ろかされています。本当にどうしたら良い社会になるのでしょうね。

編集者のページについて。私も兄弟が自衛隊員です。私もそうでしたが、このページをきちんと読んで、いかに憲法に無関心であったかわかりました。職業として選んだから戦争に行くのが当り前ではなく、行くことにさせてしまっている私はどうなのか、そこから考え直してみます。

（大分県／ＭＨさん）

（良い学校を出て、良い会社に入るのが最良の人生……これは悲しいですが、日本人が持ってしまった一つのバロメーターとなっていると私も思っています。もちろん私は反対です。それが不況を生み「私は今の日本が必ずしも不況ではなく、普況と思ってます。私の経済論は別のチャンスに示したいと思いますが」リストラ、倒産などがふえ、失業率が5％を超えています。フリーターの若者が３００万人、失業者が約３５０万人、ホームレスの人々が30万人、自殺者が３・５万人を突破。政治はどうですか？ 企業家は、経営者はどういう責任を取ってるのでしょう。官僚はウソやズルいことをしない人々でしょうか。天下りは公正ですか。

恐らく、従来どおりの日本的価値観を続けてゆくか、それとも、小野里さんが書いていたように「世界が必要とすることを仕事にして生きてゆく」か……が分岐点になるでしょう。

ＰＲで恐縮ですが、今進行中の小社の単行本に『愚かな国と、しなやか市民』という本があります。この中に「お金を貯めなくても、誰もが安心して暮らせる社会をつくることが、政治の役割である」ということが書かれています。この本は、生活クラブ神奈川の創設者、横田克巳名誉顧問の自伝的著作ですが、大勢のしなやかで多様な女性たちがくり広げてきた、30年間の実践とその成果が描かれてます。（6月中に発売予定）私たちが目指したい、市民の政府、未来の社会イメージが書かれた力作です。ご参考に）

（編集部／柴田）

■よく、自分中心に考えている人が多いと、主人と話すことが多いのですが、私もその一人だなと改めて思い、エゴイズムを克服したいと思います。シュタイナーを学び、読んでわかっているつもりをしているだけでした。理想としていました。社会問題など、情報として知っているだけでなく、行動し、意志表示して行きたいと思っています。

Q＆Aについて。日本人ですので季節の行事を大切にしたいと考えています。シュタイナー思想を学ぶとき、イースター、聖ヨハネ祭、ミカエル祭、キリスト誕生と、キリスト教と深く関わっているようですが、宗教ととられるのか、宗教ぬきでも学べるのか？　キリスト教の方々が学んでいるのか？　どういう行事かわからないこともあり、まとまりなく書きました。

（千葉県／YTさん）

（今月号のQ&Aで、ピッタリ同じ質問に対しての回答を大村さんが書いています。どうぞお読み下さい。こうした、シュタイナー教育・思想についての色々なご質問に対して、次号では、少しまとめて大村さんに答えていただけるといいなと思っています。第3期最終号の特集として…）

（編集部）

第4号からのご意見

ページの許す限りですみませんいただいた順に掲載します

■私もちょうど人生の第4期にいるので、今号は（3／15）まるで自分のことのようだと思って読みました。講演会で一度だけ大村さんのお顔を拝見させていただいたことがありますが、こんなに様々なことに苦しみ、悩んだとは思えない、ステキな（特に笑顔）方でした。それから、大村さんの親から自立するための結婚という言葉はドキッとしました。まさに今の私がそうだからです。今、とても苦しいです。でも「自我」が育っていると信じつつ、がんばります。

（教育について）日本から出て、海外で教育を受けたことがないので、おかしいとは思わなかったのですが、よく考えてみると、日本では教育の自由はないんじゃないかと思います。親が責任を持って、子どもの教育を選べる自由があってもよいのでは？　学習指導要領以外の教育はダメっていうのはすごく変だと思います。

（秋田県／JCさん）

■（ニカノール氏講演録を読んで）ブックレットの第2期2号のペダゴジカル・ストーリーの中の一節、「ウクライナでは、昔からこんなふうに言います。『人は人を愛し、子どもを産んで、一本の木を植えればいい』」というメッセージが、1年半たった今も私の頭から離れることはありませんでした。それが今回のニカノール氏の講演録と深く結びつきました。彼の目指している「シビタス」の社会が「イニシエーションの過程を通ることなしには成し遂げられない」という言葉に、人智学で生きていきたいと考えている私にとって、大きな励ましとなりました。

（宮城県／武石麻弥さん）

■大村さん、そしてひびきの村の皆さんお久しぶりです。通信講座は第1期から全ページ読んで、夫と感想を話したりしています。産前産後とずっとアンケートが書けずにいましたが、ようやく子どもが寝ている間に書けるようになりました。

私にとって、人智学とは真理、世界の法則の認識と人間の本質を土台とした人間の使命、課題への導きのものとして、私の人生観の基礎となっています。これからも私は地球市民として人智学運動を「岩手シュタイナーを学ぶ会」で実行していきます。大村さん、どうぞお体を大切になさって下さい。

（岩手県／山下恵美さん）

■賛否両論のようですが、私はこの第3期の内容がいちばん気に入っていて、すみずみまで読んでいます。今を生きてらっしゃる大村さんや他の方々を通してのシュタイナーの考え方を沢山知りたいし、納得できるし、実践があるのですごく力を感じます。「わたしの出会ったシュタイナー思想を生きる人」も、とても興味深く、「あー、ぜひお会いしてみたいナ」といつも思いを馳せています。

エクスサイズもあまり深くはできないのですが、さわりだけでもとやってみると、自分が何にふたをしているのかというのが見えてきたりして、心が沈む原因にもなるのですが、必要なことなのだな、と感じています。楽しみにしています。

(講演録)今、私たちがあるところ、世界の動きがどこにあるか、とてもよくわかった。ニュースや新聞では、「なぜ?どうして?」がすぐ出てきて、腑に落ちないことがほとんどですが、ニカノールさんの講演録でよく納得できました。たいていのメディアは、批判や悪者を作るのですが、そうではなく、批判はしていないのですよね。事実を淡々と知らせてくれる。

ニカノールさんや大村さんのような人が指し示してくれることは本当に生きていく上での力となります。大村さんの通信講座を含めて、グローバリゼーションの意味というのがよく解りました。どんなふうに世界を見つめていけばいいのかと、勉強になりました。　(三重県/Y-さん)

■通信講座をずっと読んできて、ふっと頭に浮かびました。自分の仕事のために、(もちろんそれは、他の人の子どもたちのためなのですが)自分の子のために…と思って知識?を入れてきました。この時期、町内や学校での役員決めがありますが、皆さんやりたがりませんよね。もちろん私も。で、思いました。共同体で暮らすのが夢だなーと思っていましたが、自分や自分たちが心地よくてもダメですよね。今暮らしている身近な所から変えなくっちゃと思うようになってきました。できることから始めなくっちゃ。社会のために。力は小さいけれど、今の私の「力」に合った役割を探そうと思いました。仕事で忙しいもん……の言い訳は、ちょっと押し入れにしまおうと――そう、大村さんが肩を押してくださったと思っています。

(教育)教師はもっと勉強しなきゃ。昔の栄光に酔っている人が多すぎると思いませんか。時間が無いんじゃなくて、作ってない!!　そして教師もまた、日本の教育の犠牲者なんだと思います。人のためではなく、自分の快楽を追うようになってしまった……。　(愛知県/大野理恵さん)

(大野さん、教育の現場からいつもメッセージをいただきありがとうございます。教師の方々のための勉強の場として大村さんは9月より『特別講座』を東京でですが、毎月2日間、4か月続ける計画を練っています。今、会場探し、テキストとして出版物にするか?　ビデオは?　などと模索中です。シュタイナーの教育力を、一人でも多くの先生方に、そしてお父さん、お母さんに。もうしばらくお待ち下さい。7月1日号では発表の予定です)　(編集部/柴田)

――ページ数も少なくなってきました――アンケートが少し

ずつ届き始めました。でも、もう掲載は、あと少し――。

■（講演録によせて）ニカノールさんのお話、とても重く受けとめ、何度も読ませていただきました。テロリズムもグローバリゼーションも言葉としては、わかっているつもりになっていましたが、それらが意味する本質的なことは何も理解し認識していなかったのだと思い知りました。「情報化社会」とか「グローバル化社会」など、キーワードのような言葉だけが飛びかい、その実質がなかなかつかめずにいましたが、この講演録を読み、今まさに大転換期で、世界が新たな局面を迎え、新たな時代に突入していることを再認識しました。

そして、そんな時にあって、今までとは違う教育の必要性、ニカノールさんの言葉で言えば「人間が人間となる本当の教育」というものの重要性が重く心に響いてきました。何が正しいことなのか、きちんと認識できなければ、ノーともいえないし、また、そして知識としてわかるだけでなく、心も正しく感じることができなければ、やはり正しい行いはできません。〝何かおかしい、このままではいけない〟と思いながら、何も行動していない自分をふり返り、結局、現状をまっすぐ見つめず目をそらしていたことに気付きました。

3月21日（東京・上智大）の大村さんの講演の中にあった「私一人の在り方が世界を変える、私の存在は世界の全ての人の存在とつながっている」という言葉を、今かみしめています。人のすることを受け身で待つだけでなく、変えたいのなら自ら変えられるように動こう。まずは自分が変わらなければと思いました。自分の使命をきちんと全うできるように、地にしっかり足をつけて自分の力で歩まねばと……貴重なニカノールさんのお話をこのような講演録として伝えて下さり本当にありがとうございます。

ほんの木の出版物は、大きく目を見開かせて下さるものばかりで、その理念にただただ尊敬と感謝の想いでいっぱいです。この講演録は、できるだけ多くの方々に読んでもらいたいと思うのですが、多少有料になっても、わけていただけるとありがたいのですが……。

シュタイナーということではなかなか切りこめない人にも別の側面から話がもてるきっかけともなり、何より多くの人に感じてもらいたい内容なので……。通信講座のアンケートがなかなか書けず、すみません。内容はいつも満足して読ませていただいております。そのうち必ずアンケートも送りたいと思います。

（神奈川県／村田利香さん）

（真摯なFAXをありがとうございました。ニカノールさんの講演録は、一部300円（送料共）でおわけしています。どうぞお申し込み下さい。

また、「ほんの木」に対して熱い志をお寄せいただき、ありがとうございます。思わず、胸にグッとつまるものがありました。アンケートをいただく皆様からも、同様の激励を数多く受けており、ありがたい限りです。今号の「心の教室」はページを取れず、大勢の会員の方々のご意見は、次号にドーンとページを取っておのせいたします、必ず。では、7月1日号めざして、また編集をがんばります）（編集部／柴田）

編集者だより

風さわやかな5月、緑がまぶしい季節ですが、お元気でしょうか?そんなこと「当り前!」という声も聞こえてきそうな中、第3期もすでに5号です。皆様へのメッセージ、お読み下さい。

ニカノールさん、小貫大輔さんウテ・クレーマーさんのこと

前号、ニカノールさんの講演録、いかがでしたか。ぜひご感想をお寄せ下さい。

そのニカノールさんの講演を通訳してくれたのが小貫大輔さんです。(小社刊)『耳をすまして聴いてごらん』著者)彼は当時、ブラジルのシュタイナー共同体で、主宰者ウテ・クレーマーさんのもとで、ボランティアをしていたNGO活動家です。その彼が翻訳し、やはり小社で出版した絵本が『クリスマスに咲いたひまわり』でした。(タイトルは私がつけました……)ウテさんが大切に抱えて日本に持ってきた、手作りの絵本からの出版でした。

ほんの木から、ファベーラ(貧民街)の子どもたちへのクリスマスプレゼントにしようと考えポルトガル語(ブラジル用)、ドイツ語、英語、日本語の4か国語の絵本に編集し、1991年12月24日付で発刊しました。

ブラジルへは、日本航空のスチュワーデスさんたちの協力で空輸できました。その記事がまた、大きく朝日新聞に載り……、500冊の絵本はクリスマスに間に合って、海を越えファベーラの子どもたちへの贈り物になりました。

この度、ある方のご好意で、品切れとなっていたこの絵本が復刊します。6月発売を目標にウテ・クレーマーさんの作った物語がまた日本で大勢の子どもたちに楽しんでもらえることになりました。大村さんの2冊の絵本と同じように、シュタイナー教育から生まれた貴重な作品です。ご希望の方は、ぜひお早めにお申し込み下さい。大村さん、小貫さん、ウテさん、ニカノールさん、皆さんの共通項は「実践者」であることです。10年以上も前のおつき合いが、ますます広がっているのだと感慨深い思いです。

シュタイナーに導かれた不思議な縁と出会い

今号の「ひびきの村だより」でレポートされたスタッフの杉本美花さんは、小貫大輔さんの本とウテさんの絵本でシュタイナーに出会った人といえます。私が1998年5月、サクラメントのカレッジに行って、大村さんの最後の授業を見学させてもらった時、美花さんも留学中でした。彼女が持参した絵本がサクラメントの教室に飾られてあったのを見て、いたく感動したのを覚えています。こうした読者の存在は、編集者にどれだけ大きな励ましになることか……と感じます。

編集者と読者の関係で言えば、もう一つびっくりしたことがありました。かって、私が小学館という出版社に勤めていた頃、中・高生の女性向け雑誌をやっていました。その時多分中学生の読者だった方が、なんと京田辺シュタイナー学校設立に関わった一人のお母さんだったのです。「フォーラム・スリー」の人智学のニューズレターに書いた私の原稿を読んで、「もしや?」と連絡いただいたのがキッカケでした。縁は奇なものと言いましょうか、何かシュタイナー的導きがあると言うのでしょうか。お陰様で、京田辺シュタイナー学校のエネルギーやすばらしい校風にふれることができました。感謝です!　だって、20年以上も前の読者だった方ですよ。

当時から日本を変えるには、親、特に母親となる女性たちに期待しよう、と考えて編集をしていましたが、後に「ほんの木」を設立していつか、母親(父親もOK)のための本を作りたいとずっと考えていました。教育崩壊への提案と改革への手がかりとして「シュタイナー教育」を…との思いもあり、幸運にも大村祐子さんと出会うことができ、このブッククレット・シリーズへと歩んでこれたのだろうと思います。大村さんも長いご自身のご苦

EDITORS' ROOM

労の後に、シュタイナー教育の現場に立ち、共同体を設立されました。同世代の私としても大村さんの生き方に、大きな共感と感慨深い感動と刺激を受けるものがあります。

「シュタイナーを学ぶ本のカタログ」、あと20%！

読者の皆様と「大村さんの通信講座」で出会って3年目になります。数千人の方々と本を通してご縁をいただきました。大村さんの原稿の中に、時々、シュタイナーの訳本の紹介があります。またアンケートやお手紙、FAXの中に、「○○したいが、どの本を読んだらいいのですか」という質問をたくさんいただきます。より高い志へと学びを進めてゆく方々のために、本で何かを企画できないか、と考えたのが『シュタイナーを学ぶ本のカタログ』でした。西川隆範さんのご協力を得て、もう80%まで進んでいます。今しばらく、今しばしお待ち下さい。（と、あやまっている）

この本には、212冊の、シュタイナーの書いたり講演した訳本や、海外の訳書、日本人の著作による伝記、教育、芸術、思想、哲学、社会、エッセイ等がジャンル別に、1冊1ページを使って、本の写真と共にまとめられます。恐らく、前代未聞。便利で、役に立つ一冊だろうと考えています。シュタイナー関連の本には、大変に深い叡知や思想が、わかりやすく書かれたものも多く、より大勢の読者の方々の訪れを待っているものも少なくありません。人生の洞察に大きな助けとなることをこのカタログ本から受け取っていただければ幸いです。予価2400円。ほんの木で、予約申込み受付け中です。（TEL03・3291・3011　FAX03・3293・4776）

※なお、「シュタイナーを学ぶ、本のカタログ」の中のすべての本を、「ほんの木」の通販で購入できるようシステムを構築中です。

大村さんの単行本ももうすぐ、「模擬授業」は増刷に！

大村祐子さんの「七年周期」の本も進行中です。こちらもお待たせしてすみません。超ハードな大村さんのスケジュールを考えつつ、全面的に書き直していることと、ブックレットの締切りもあり、おくれてしまいました。予定では6月中の発刊を目途に進行中です。

また、『ひびきの村シュタイナー教育の模擬授業』はお陰様で、第2刷りになりました。昨年6月の発刊ですので、1年かかりましたが、あのような一見堅い本が2刷りになる、という現実は、シュタイナー教育と「ひびきの村」の未来が、より光と熱に満たされるであろう……という予感を私は感じるのです。「大地を守る会」「らでぃっしゅぼーや」「関西よつ葉会」の会員販売も大きな力となっていただきました。ありがとうございました。

今後共、公立図書館やこうした生協・宅配等の中での広め方を、どうかご支援下さいますよう、会員の皆様方にお願いいたします。

9月から、主に教師向け特別講座を予定！（東京）

さて、第4期の件です。続行か、別の形にするか、大村さんの体力・仕事のますますの厳しさ等を考慮しつつ、ただ今大村さんと検討中ですので、もうしばらくお待ち下さい。

現在、ほぼ決定している今後のプランには、以下のものがあります。

※9月から、毎月1回4か月、(土)(日)の丸2日間、主に教師の方々を対象とした「特別講座」―教育から社会を変える―、を準備中です。「いずみの学校」をフリースクールにし、どの子どもたちにも門戸を開放したことと同じく、シュタイナー教育の力を、それを求める、あらゆる教育者、教師の方々や必要とされる方のために、提供しようという、大村さんの熱い志を基にした考えです。

定員、内容、日程、参加費は、決定次第お知らせいたします。約4か月間コースの予定です。また遠いとか、時間がとれない等で参加できない方々のために、テキスト化をはじめ、ビデオなど何らかの方法もあわせて検討中です。では、次号で！

（担当／柴田）

大村祐子さんのプロフィール

1945年北京生まれ。東京で育つ。1987年、カリフォルニア州サクラメントのルドルフ・シュタイナー・カレッジ教員養成、ゲーテの科学・芸術コースで学ぶ。'90～'92年までサクラメントのシュタイナー学校で教え、'91年から日本人のための「自然と芸術コース」をカレッジで開始。1996年より教え子らと共に、北海道伊達市でルドルフ・シュタイナーの思想を実践する日本で初めての共同体「ひびきの村」をスタートさせる。1998年帰国。「ひびきの村」代表。著書は、1999年6月スタートのこの通信講座シリーズの他に1999年3月発売「わたしの話を聞いてくれますか」、「ひびきの村 シュタイナー教育の模擬授業」、「創作おはなし絵本」①②（すべて小社刊）などがある。

「シュタイナーいずみの学校」7・8年生担任教師。(2002年3月まで)「教員養成プログラム」「自然と芸術と人智学のプログラム」各教師

大人のためのシュタイナー教育講座
第3期　NO.5（通巻No.17）
シュタイナーに学ぶ
「真のコスモポリタンになること」
2002年5月10日　第1刷発行

著　者　大村祐子
発行人　柴田敬三
発行所　株式会社ほんの木

〒101-0054東京都千代田区神田錦町2-9-1 斉藤ビル
TEL03-3291-3011
FAX03-3293-4776
郵便振替口座　00120-4-251523　加入者名　ほんの木
印刷所　（株）チューエツ
ISBN4-938568